쇠유리새 구름을 요리하다

심명수 시집

상상인 시선 015

상상인 시선 015
쇠유리새 구름을 요리하다

초판 1쇄 발행 | 2020년 12월 15일

지 은 이 | 심명수
펴 낸 곳 | 도서출판 상상인
북마스터 | 김유석 최지하 이선애 마경덕
뉴크리에이터 | 이만섭 진혜진
등록번호 | 제572-96-00959호
등록일자 | 2019년 6월 25일
주　　소 | 06621 서울시 서초구 서초대로74길 29, 904호
전화번호 | 010-7371-1871
전자우편 | ssaangin@hanmail.net

ISBN 979-11-91085-07-5 (03810)

값 10,000원

* 이 책은 2020년 인천광역시 IFAC 인천문화재단 문화예술육성지원사업으로 선정되어 발간합니다.

* 이 시집은 교보문고와 연계하여 전자책으로도 발간되었습니다.

* 이 도서의 국립중앙도서관 출판시도서목록(CIP)은 서지정보유통지원시스템 홈페이지(http://seoji.nl.go.kr)와 국가자료공동목록시스템(http://www.nl.go.kr/kolisnet)에서 이용하실 수 있습니다. (CIP제어번호 : 2020047571)

쇠유리새 구름을 요리하다

* 저자의 의도에 따라 작품의 보조 동사와 합성 명사는 띄어쓰기가 달라질 수 있습니다.

* 본문 페이지에서 한 연이 첫 번째 행에서 시작될 때에는 〈 표기를 합니다.

시인의 말

내 몸에는
사슴벌레, 장수하늘소, 풍뎅이가 계절을 잊은 채 서식한다
밤마다 시퍼렇게 시달리는
이 가려움증
열 마디 손가락 활짝 펼쳐도 족족 잡히지 않는
꿈틀거리는 빛들

2020년 12월 6일
심명수

■ 차 례

1부

2부

3부

4부

1부

별

누가 밤을 저리도 송곳으로 콕콕 찍어 놨을까

밤을 줍다

한방의 총성이 있었다
아니 두 방 세 방의 총성이 있었다
총성은 난사에 가까웠고
과녁을 벗어난 총성들로 허공에 가득하다
간혹 주인을 잃은 탄피들이
빈집으로 나뒹군다

그러나 누구 하나
과녁을 명중시키진 못하였다
따라서 거미집은 견고했고 평화로웠다

한때
그러했듯 나도
총성을 남발한 적 있다
입 앙다물고 침을 가시처럼 튕기며
가시를 입 밖으로 찔러대며
아집을 쌓던

여기 집 한 채
공허한 문장으로 남아 있다

나는 다시 빈집을 줍는다
누가 빠져나간 집, 그리움이
뒤집혀 나를 꼼짝 못하게 하고 있다

물방울

가령 물방울을 여자라고 할 수 있을까? 물방울이 여자일리 없겠지만 정말 물방울이 여자라면 물방울은 증발하거나 매달려 애원하지 않겠지. 나는 잠시 형광색 연필을 꺼내 든다.

창가에 여자가 맺혔다고 하자. 아니 물방울이 맺혔다. 나는 맺힌 물방울을 손가락 공식대로 물방울과 물방울을 이어 주었다. 그 공식은 거미집 형식으로 통했다. 물방울 집을 지었다. 나뭇잎 그늘이 그새 물방울 집에 찾아왔다. 여자가 흔들린다. 나는 다시 연필을 손등 위에서 돌리다가 문득 너를 생각한다. 너는 나를 고루하다고 하겠지만, 빗나간 시위는 이미 다른 과녁에 집중되어 있다는 것. 다시 당겨지는 시위는 예사롭지 않다는 것. 사랑이라고, 찰나라고, 눈물이라고 쓰려다 잠시 멈추고 물방울 옷을 걸친 여자라고 가볍게 너를 매달아본다.

가령 여자가 맺혔다고 써도 되겠지만 여자는 이것이 엉망진창 표현이라고 생각한다. 비는 더 이상 오질 않을 것이다. 여자가 그대로 맺혀 있으려면 물방울은 있는 힘껏 물방울이어야만 하기 때문이다. 잠시 쉬는 동안 물방울을 형광색으로 색칠을 해본다. 물방울은 어느새 충혈이 된다. 여자가 떨어지고 나면 그건 이미 물방울이 아니니까. 충혈된 물방울은 유리 구두처럼 깨지기 쉽고 깨지면 결국 물방울은 모든 걸 끌어안게 된다. 물방울 하고 부르자 여자는 방울방울 물방울을 또 다른 물방울 속에 감춘다. 여자는 결국 물방울이고 물방울이 아니다.

하루 종일 거울 속

거울이 꽁꽁 얼어 거울 밖으로 발이 시리다
거울은 겹겹이 겨울의 옷을 입지 않았어도 좋다

거울이 걸어갔다 걸어 나온다
거울이 만나고 온 것은 겨울일까 거울일까
거울은 겨울의 이 빠진 사촌지간이라 단정을 해본다
그러면 거울을 한 발짝 내딛으면 성큼 봄, 봄이 오겠지

거울은 액면 그대로 거울이 아닐 수 있다
거울은 거짓투성이

거울 속 거울엔 네가 있다
그 거울 속 거울은 항상 동안일까?
왜 너는 늘 곧이 곧대로일까?
왜 너는 항상 이별이라고만 할까?
거울은 늙지도 죽지 않는가?

욕조에 힘껏 얼굴을 담근다 거울이 얼굴을 밀어낸다

거울을 본다

넌 어디로 간 것인가?
거울이 조금 삐딱하다 삐딱한 것은 거울이 생각 중이라는 것

거울의 눈이 일그러졌다
생각의 눈은 짝짝이
오른쪽은 겨울, 왼쪽은 거울
그리하여 왼쪽에서 오른쪽으로 눈비가 내리면
거울은 하루 종일 시리다

외출 후 두고 온 거울 속의 거울은 또 온종일 무슨 생각을 꺼내 놓을까?

포도 한 알이 구를 때

고양이를 생각한다 검고 푸른 눈의 고양이

그 고양이의 눈을 가만 들여다보면
새끼줄처럼 비비 꼬인 달팽이
먼 곳을 향해 송신 안테나를 꽂은 달팽이
고양이는 여자의 몸처럼 둥글둥글 곡선을 가졌다

고양이 눈알을 가져다 내 책상 위에 또르르 굴려본다
구르다 만 고양이의 눈
치켜뜬다
내 책상 모서리쯤에서 굴러 떨어진다

굴러 넘어져 있던 자전거 일으켜 세운다
차르르 구르는 두 발 바퀴 바큇살은
발열하는 고양이 눈빛, 아기 울음을 운다
아기 울음이 집 밖으로 나간다

자전거와 고양이가 나란히 달린다
튕겨 나간다
달팽이가 자전거를 거부한다

고양이 눈 속엔 달팽이가 있다

고양이가 다시 책상 위의 제 눈을 찾아간다

쇠유리새 구름을 요리하다

잘 못 꾼 꿈이 지워진 거예요. 마음이 시끄럽네요. 쮸릿, 쮸릿, 칫, 칫 물이 끓고 있나요?

머릿속을 지우개로 박박 지웠더니 보글보글 구름이 생겼어요. 요리에 앞서 별표 세 개라는 걸 잊지 마세요. 너무 많이 문지르면 검게 비구름이 된다는 걸 알아야 해요. 그럼 한쪽으로 쓸어버려야 하죠. 쓸려나간 구름은 어디선가는 필요로 하거든요. 아픈 배 문지르던 엄마의 손길로 잘못 디딘 첫발을 지워봐요. 뒷걸음질 치며 구름이 송골송골 피어날 테니까요.

일단은 지나가는 뜬구름 낚아채 통째로 집어넣어야만 해요. 낚아챌 때는 빠른 감각, 두꺼비 혀의 본능이 중요해요. 토끼 기린 강아지 오빠 엄마 물고기 할머니 얼굴로 수시로 변하거든요. 강아지가 싫으면 절대로 피해야 하니까요. 오빠와 엄마를 요리하고 싶으면 적절할 때 낚아서 납득시킬 만한 거리가 필요해요. 잘못하면 당신이 설득당할 테니까요. 할머니에겐 안개구름 한 소반 선물해 봐요. 그럼 그 속에 감춰진 추억을 하나하나 따내며 끄덕끄덕 하시겠죠. 그리고는 겹겹이 포개진 뭉게구름 동강동강 썰어야 해요. 구름의 남쪽, 비늘구름 잡아당겨 살점만 떠 넣고요. 다시 제 위치에 걸어놓아야 해요. 요리는 늘어놓고 하면 곤란해요. 제 살점을 잃은 구름은 몇 초 지나지 않아 다른 형상으로 변해 떠나가 버려요.

하악, 그새 악어가 입 딱 벌리고 급 하강하는 줄 알았어요! 간이 철렁했죠. 긴 꼬리를 끌며 지나간 뒤에 간을 보니 싱거워요. 소금을 좀 더 넣어야겠네요.

요리를 하다 보면 알게 되죠. 구름을 절대 새총으로 쏘아 잡으면 안 돼요. 조리법에 어긋나는 일이죠. 빗맞기라도 하면 냄비에 구멍이 나요. 물조루처럼 빵빵 뚫린 구멍으로 빗줄기가 쏟아질 테니까요. 조리법에 의하면 그 총탄 자국은 밤에만 보인다지요. 그것은 인간들이 쏘아댄 빗나간 꿈이에요, 별들의 실체라고도 해요.

요리가 다 됐나요? 새털구름이 하늘 가득 웃자라 피었어요. 여러 빛깔로 아롱진 꽃구름이 피었어요. 배추흰나비가 노루귀 꽃잎에 앉았어요. 지나가던 바람 배추흰나비 날개깃에 머무네요.

요리는 다 되었나요, 꽃구름?

허공에 우울증이 매달려 있다

관념의 다이아몬드 못을 박아 거미가 집을 지었다
먹줄 튕기며, 팽팽한 얼개
때론, 탄력 있게 얽어놓고
사람들은 함부로 그 생의 회로도를 빗자루로 쓸어낸다
청소용역인처럼 중요한 증거를 함부로 삭제해 버린다
가끔 누락된 것들 사다리 타고 내려와
쓸려나간 원인을 묻고 가기도 한다

누군가 이 세상으로부터 영원히 누락되었다
맑은 허공에 파문이 인다
파문은 거미집처럼 의혹을 남기고 허공을 아파한다
허공이 우울증을 앓고 있다
아침, 저녁으로 고질병 같은 안개 밀려왔다 밀려간다
말랑말랑한 잠을 흔들어 깨워놓고 천연덕스럽게 웃는 얼굴
핼쑥한 그림자도 끌고 와 발밑에 함부로 버린
나의 원고들과 생의 질긴 목을 조인다

누가 방아쇠를 당겼을까
반짝이는 물결, 깨진 거울이 생각을 어지럽힌다
나는 조각난 거울 표면의 모서리에서

이지러진 달을 보듯 본다
적중이다
물컹한 생의 속살 속에서 피가 짓물러 터지고
너는 그렇게 과녁 속으로 떨어졌다
허공은 다시 우울증을 매달고
베레타 M9 실탄이 다시 나를 향해 날아온다

수련

호숫가에 앉아 뿌리의 근황을 묻는다

잘린 밑동은 바퀴가 아니므로
시간의 굴레를 굴리는 바퀴가 아니므로
둥근 나무 밑동이 안개 속 호수를 들여다본다

엉덩이 붙이고 잠시 쉬어갈 곳이 있다는 건 좋은 게지

어떤 존재의 이름들이 베어졌을 나무는
말 못 할 사연들의 테두리만 그려놓고
테두리 밖으로 밀려난 민들레꽃 강한 의지를 밀어 올린다

무처럼 싹둑 잘린 나무 밑동

무성한 가지들의 견적들이 벌목된,
우리는 무엇으로 소통할 것인가?
호수는 밋밋한 리듬의 음표들로 가득하다

한 소절 마디, 마디 더 이상 잘릴 수 없다는 듯
저어새는 날개를 접고

여백의 흐름을 저어 저으며
한 잎의 바퀴를 굴리고 있다

압정의 중심축이 조금 어긋났다

압정은 아집이다
압정은 한 발로 일어서고 기억해야 할 것만 기억한다
아집의 중심에는 날카로운 가시가 있다
압정을 꽂는다
음악이 압사당한다
압사된 정적이 하얗게 흐른다

압정이 툭 떨어져 굴러간다
얼마쯤 가다가 머리를 바치고 옆으로 눕는다
어떤 압정은 뾰로통하게 드러누워 버렸다 이럴 땐
미묘한 차이겠지만
가슴팍에 박힌 그녀가 따끔거리는 봄이다

압정을 꽂는다
우산을 편다 빗방울
소낙비 내린다
우산은 늘어진 길목마다 다채롭다
비의 시점으로 보면 거리는 온통 압정으로 고정되어 있다

압정을 뽑는다

팔락거리던 침묵이 깨어난다
나무를 쪼던 까막딱따구리 날아간다
혈이 눌렸던 새들의 눈,
개구리, 물방울이 비로소 눈을 뜬다

압정을 꽂고 압정을 뽑는다
한쪽에는 말 많은 공문서들이 클립에 물려 있다
지구의 중심축은 조금 어긋났다
제 중심축을 잃어버린 시간의 낙차
압정을 뽑는다
물거품처럼 밀려온 하루가 뽑힌다

살구알락나방 애벌레

바늘방석에 앉아 있는 듯하다.

입사 이래 살구나무를 떠나본 적이 없다. 어렵게 계약이 연장됐기 때문이다.

그는 아랫마을 반지하 태생이고 나뭇잎 단칸방을 옮겨 다니며 산다. 그의 일과는 살구나무 겨드랑이를 간질여 잎과 꽃을 피우게 하는 것. 간지럼 잘 타는 살구나무는 그새 소름이 돋고 웃음을 참지 못하다가 결국 물고 있던 팝콘을 터트린다. 활짝 터진 팝콘을 벌들이 물고 달아난다.

그는 또 살구나무 맨 위층 관제탑에서 허공으로 뻗어가는 가지들을 통솔하는 일을 한다. 지하철에서 함부로 뻗은 뻗정다리처럼 말 안 듣는 가지를 끌어다가 훈계를 하고 가지가 뻗어가야 할 항로를 정해 주며, 짬이 나는 대로 나뭇잎을 적당히 갉아먹어 주는 일. 바람의 길도 적당히 열어줘야 그늘을 만들고 비행에 지친 새들의 쉼터가 되기에

언젠가 방향 지적을 잘못하여 날아오던 어린 새가 가지에 머리 받혔을 땐 어미 새 직박구리에게 아작 날 뻔한 적 있다. 가지가 구름에 걸려 구름이 오도 가도 못 하는 일이

있을 땐 사흘 밤낮 뇌우雷雨에 혼줄이 났다. 빈번한 일이다.

그러던 어느 날 나뭇잎 공지가 붙었다. 살구나무가 갑자기 술렁거린다.

불필요한 가지를 쳐낸다는 것이다. 가지들도 일제히 바람을 탄다. 광택이 나도록 살구를 닦던 그는 살구보다 먼저 누렇게 떴다. 암담하다. 어느 정도 기반 없인 허물도 벗을 순 없다고 생각한다, 그는

살구나무 바늘이 다시 찔러댄다.

바다를 읽다

바다는 반짝이는 꼬리가 있어 석양이 지면 꼬리도 져요. 골이 깊으면 그 마음 깊이를 가늠키 어려워 바다도 그 골에 빠져 허우적거릴 때가 있어요. 그러다가 생각의 등이 켜지면 바다는 장미의 시대를 맞아요. 페이지를 넘겨요.

바다를 읽으려면 여우에게 길들여져야만 해요. 길들여진다는 것은 관계를 맺는 일이라고 여우는 말했어요. 바다는 물컹해서 깨물면 터져요. 바다의 문장은 두껍고 길지만 짧게도 깎여져요. 바다를 넘기면 넘어가는 구름은 없어요.

구겨진 페이지들이 해안으로 쌓여요. 지우고 쓰며 바다를 완성해가요. 그래서 바다의 문장은 짜고, 짜기에 복어 회처럼 쫄깃해요. 수만 가지 단어와 문장들이 바다에서 유영해요.

그럴 땐 파도를 타지요. 겁 없이 일어나 겁 없이 돌진해요. 파도에 맞서던 바위는 깨지고 부서져 비로소 눈을 떠요. 여린 자갈들이 반짝여요.

파도가 높다는 건 호흡이 가쁘다는 것, 호흡이 가쁜 꿩은 여우로부터 필사적으로 달아나요. 여우에게 바다가 혼쭐이 나네요. 꿩의 날개처럼 바다의 의상은 다양해서 에스닉룩, 레이어드, 슬릿, 등 시크한 옷을 갈아입어요. 하늘과 바다는 구별이 없어요. 그럴 때는 거꾸로 뒤집어보면 알아요. 바다가 쏟아지면 하늘은 바다가 아닌 거지요. 섬은 바다의 쉼표고요. 바다는 거대한 장문이라 간간히 쉼표와 마침표가 필요해요. 이제 나도 쉼표를 찍어요. 두꺼운 바다를 접어요. 당분간 바다의 서재에 꽂아 둘게요.

벽

벽은 벽인데
벽은 두 개의 등을 가지고 있기도 하고
안 가지고 있기도 해서
두 개의 등은
안이면서 바깥이고
겉이면서 속,
저도 모르는 이중의 생을 삽니다
벽은 등을 꼿꼿이 세우고 꺾다가
하나를 지탱하고 하나를 버리다가
등은 오롯이 등인데 서로 이별이라 하고
한 번도 만나 본 적 없는 서로를 그리워합니다
그리하여 너와 나 사이도 저리 했나 봅니다

어떤 벽에는 덕지덕지 잡초가 부풀고 있습니다

그 벽은 벽 밖을 모르고 벽 안을 들어가 본 적 없지만 그 벽은 두 개의 세상에 의지합니다 벽은 강하지만 한편으론 융통성이 많아서 충격을 받아도 쉽게 무너지지 않습니다 보이는 벽이 앞이라고 생각할 수 있겠으나 앞이라고 단정할 순 없습니다 벽도 슬프면 아무도 모르게 무너집니다 그러다가 다른 한 세상이 펼쳐지면 비로소 벽은 건너갑니다

치자꽃을 만나러 가다

그녀를 만나러 가는 기차를 탔다
그녀를 만나러 가는 길은 수없이 그녀를 만나야 한다

이른 봄 무렵의 이별

기차를 타고 굽이굽이 복숭아밭을 지나다
기적소리를 뿜어낼 때면
줄줄이 조롱박이 매달리곤 했다

그녀를 만나러 가는 길은 굽이치는 여울을 건너야 하고
정오의 혼잣말은 풍선이 되어 떠나고
그녀에게 가기도 전에 차창에 흘러내린다

머리를 쓸어 올리며
네가 너무 가까이 있다는 생각
하지만 그땐 몰랐다

그녀를 만나러 가는 길은 수없이 많은 그녀를 만나야 한다
수없이 교차되는 지점엔 나보다 앞서간 그녀가 있다

홍여새가 그리울 때

홍여새를 생각한다
브릿지를 하고 마스카라를 하고
꼬리의 빨간 기품으로 웃음 짓는

커피를 마시며 홍여새를 생각한다
달이 뜬다
부화되지 않은 알이
차돌처럼

서재의 책들은 고개를 내밀고 나를 주시한다

책장을 펼치면 홍여새는 없다
커피가 차갑다

보내고 싶지 않았다

홍여새가 찾아오는 날은 왠지 더 춥고 캄캄했다
부리에 쪼였을 땐 아팠다

달밤

골이 깊고 우아한
지금은 홍여새의 꼬리가 그리울 때

소리의 감옥

소리는 소리를 가둔다.

소리는 덧없이 쌓이기도 하고 난데없이 허물어지기도 한다. 소리를 잡아당긴다. 길게 목 하나가 떨어진다. 소리가 꺾이면 소리는 바닥을 짚고 헝클어진다. 헝클어진 꼬리의 꼬리는 꼬리 친다 소리는 이리저리 끌려 다니고 10분 전은 벽을 타고 오르다. 고꾸라진 도마뱀, 10분 후는 흘러내린 잉꼬, 천정을 타고 0시 대기 중인 흡혈귀, 나는 하도 어이가 없어 소리의 등이 다 닳도록 긁적이는데 난데없이 오싹한,

빗소리, 혈이 없고 공식이 없고 폐가 없는 패혈증 사전이 없고 사후가 있는, 시계가 없고 냉장고만 똑딱이는 그 방에는 소리만이 혼잡한, 당나귀 없는 발가락, 꼼지락거리는 그 방에는 침대가 없고 벽이 없고 등이 자꾸 흘러내린다.

소리의 방은 소리로 열고 소리로 쾅 닫힌다.

소리의 뇌관에 링거를 꽂고 스탠드, 보일러, 냉장고가 혼신의 힘으로 신음을 한다. 일찍이 보일러는 산통을 겪는지 졸졸졸 물이 새고 어떠한 표정도 없이 어디론가 흘려보내는 중이다.

가다가 엎질러지기도 하고 다투기도 하고 저들끼리 소통

도 하지만 불통의 구멍으로 엿들을 수밖에 없는 관음증, 창밖은 여전히 비가 내리고 나의 밤은 물먹은 방이다. 눈 감으면 미안해요, 미안해요라고 접질려 뒹구는 너의 빗소리, 박박 그어 지우면 캄캄한 소리가 하얗게 뭉개져 더 꽃꽃한 소리의 창살로 밤이 닫힌다.

2부

얼룩

얼룩이 졌어요 거실 천정은 어제보다 걱정이 커지는데, 거실 천정에 얼룩이 졌어요 의도하지 않은 잠식이에요 얼룩은 밖으로만 확장하는 전술을 펴요 대륙이 넓어진 배경에는 다 얼룩의 뜻에 부합돼요 어떤 얼룩은 후방에 진을 치지요 그러다가 둥글게 2차 공격을 해요 그에게 당하기 전에 합당한 조치가 필요해요

당신에게 나는 합당한 얼룩인가요?

얼룩도 얼룩인 만큼, 얼룩의 마음이 있어서 지키려 하는 가족이 있어요

사랑도, 행복도, 그리운 얼굴도, 있겠죠

얼룩이라 해서 없겠어요 또 아니겠어요

어디에든 얼룩은 있다가 어디에든 얼룩은 없어요

얼룩이 밖으로 나갔다가 새로운 얼룩을 앞세우고 들어와요

가끔씩 나는 얼룩을 위로해 보아요

아, 얼룩이 웃고 있어요

은하의 집, 불시착한 별들의 보호소

공명처럼 미확인물체가 감지되면
자꾸 이상한 생각이 나

어린 날 어떤 의도와는 무관하게 지구로 불시착했다는 생각,
생각이 떠돌던 그때는
상상의 비행을 하다 가벼운 농담처럼 지구로 떨어졌다고 생각했지
물론, 은하의 집은 지구의 크레바스
밤하늘은 자책과 원망의 무덤이었어

간혹, 천공은 무료한 자아의 탈출구이기도 했지
은하의 세계는 생각보다
생각이 미치질 못해서 화가 났지만
일생을 걸지 않으면 일생이란 없다는 걸 그땐 몰랐어

반짝이는 그물에 걸린 물고기, 화려한
우울증을 앓다가 목을 맨 인형이 떠올랐고 우울은
베갯잇처럼 실밥 터진 곳이라곤 없었어
죽은 인형은 보라 틀의 별자리가 되었다지
별자리를 잇다 보면

〈

큰부리새, 황새치, 여우, 땅꾼, 돌고래라는 이름을 가진 이들이
때 지어 살고 있었어
그들은 은하의 집에 살다 먼저 죽은 고아들이었다지
너를 조랑말, 작은 곰, 쌍둥이, 도마뱀, 마차, 떡갈나무라고 바꿔 부르자
너는 한 치 망설임 없이 떡갈나무 숲으로 와락 안겨왔어

우리는 바닥에 주저앉아 상실된 무언가에 대해 논의해야만 했어

머리를 긁적이며 수억 광년으로부터 또다시 방문객들이 찾아올 거라는,
또 다른 누군가 올 거라는 생각은 하지 마
머리가 저릿저릿 아파

은하의 집 마당 깊은 밤은 욕구불만의 놀이터
밤이면 자꾸 이상한 생각이 아파

바람의 속살을 튕기다

느슨하게 풀린 길은 탄성이 없다.

차는 속도를 늦추고 바람의 언덕 커브 길을 달린다. 곡절 많은 그녀는 멍울져 있다. 사내는 차 창밖으로 손을 내뻗는다. 이른 가을 독이 바짝 오른 뱀의 구멍에 손을 넣는 아찔함, 습한 바람의 속살이 물컹 만져진다. 하얗고 매끈한 그녀는 촉촉하다. 출처가 불분명한 난 잎의 가녀린 길을 가다 보면 화가는 붓끝을 멈추질 않고 난의 잎 꼬리를 좀 더 길게 친다.

그러면 느슨했던 길은 다시 팽팽해진다. 창밖으로 튕겨지는 바람의 탄력은 한 옥타브 높아진다.

이쯤이면 잘록한 바람의 허리선, 탱탱한 엉덩이?

보조석 그녀가 몸을 비튼다.

양파의 속성은 껍질을 벗겨도 벗겨도 눈물겹다고 생각하면서

오늘은 바람이 도도하여 잡히는 족족 빠져나가고 손끝의 본능으로 바람의 주소지만 감지된다.

〈

벼랑에 다닥다닥 낀 습한 이끼들의 형상으로 바람이 재잘거리고 있다.

거칠고 보송보송한 이 숲길 어디쯤에서 재잘거리는 입술, 바람의 긴 혀를 퉁기고 싶다.

바람난 바람이 바람의 형체를 몰고 숲길 어디론가 몰려간다.

꽃망울 터진다.

때론 까칠하고 도도한 바람도 내면의 속살은 붉다.

낙타 별자리

옹이, 혹은 의혹은
가려울 때마다 너를 생각하게 한다

나는 그곳에 너를 묻었다

제 무덤을 등에 지고 가는 낙타처럼
반짝이는 여정
고행의 끝이란 한 생을 지고 갈 밥그릇

초암사 약수터
낙타가 샘가에 앉았다
멜랑꼴리한 등허리
환생의 껍데기에
치렁치렁 낙숫물 넘치는 소리
생글생글 이 빠진 소리

등이 시려
손가락으로 우주의 행렬을 짚어 가다 보면
너는 어느 별에서
한 번이라도 나와 마주칠 수 있을까

가려울 때마다 긁적이는
나의 아름다운 병

거미집

죽죽 연필로 그었다
데생을 하고 볕의 농도에 따라 채색이 입혀졌다
지우개라는 건 필요치 않았다
그저 계절이 차면 열어질 수 있겠다
늘어질 수 있겠다
그러다 녹아 흘러내릴 수 있겠다
생은 항상 위태롭기에

커튼이 펄럭이는 베네치아의 풍경
창 안에 가득하다
바깥바람 불어 안 바람 밀어내도 곤돌라는 떠밀림이 없다

커튼이 출렁이면 풍경은 더욱 요동치며 도심은 일제히 발목부터 물이 차오른다
생각의 뇌관을 씻어내고 있다
가끔 흔들리는 내일의 첨탑과 멀쩡하던 오늘의 운하가 기우뚱 코너에 몰려 낭패를 본다

찌그러진 아, 베네치아

사각의 창 안으로 절규의 물결이 밀려든다
바람이 들이칠 때마다 조였다 폈다 조였다 괄약근 운동

나의 촘촘한 방 물살 치는 언저리는 싱겁도록 뾰족하다
모퉁이가 모퉁이를 만났을 때 와장창 깨지는 꿈처럼 햇빛이 하얗게 일그러지면
도시는 빨갛게 익어 되도록 볕의 옷을 벗으려 한다

덜 익은 부분과 완전히 덜 익은 부분의 면면을 채운다
나름 햇빛의 편의적 마음이랄까
뒤집힌 샴페인 병 같은 곤돌라가 실어오고 실어가는
집집마다 항구다

푸른 서편 둔덕의 나무들
검은 먹의 마음도 풀리면 물결처럼 푸르러질 수 있을까?
클래식한 바람이 하얗게 찢기는

덩그러니 매달린 거미 한 마리

새까만 달

새까만 등허리, 겨드랑이에 얼굴을 묻고

고양이가 웅크린 밤

열린 문틈으로 갸름한 고양이 눈

그 눈에 서리는 칼 빛

어머니는 밤의 너머에서 아직 돌아오지 않고

수묵의 카펫

커다란 고양이 등허리를 타고

소쩍새의 시린 미소

풀벌레만이 깨어서 밤의 수염을 가늘게 당기는데

당장이라도 밤을 훌러덩 뒤집어엎고

하얗게 투신이라도 하면

나는 얼마만큼 환해지려나?

눈이 커졌다 작아질 새도 없이 까맣게 타는

잘록한 달

달가닥,
문설주에서 어머니의 기침 소리에

왈칵 달려드는 허기

세계지도를 펼치면

앞으로 3뼘 반 옆으로 4뼘 반 넓이로 지구가 쪼개져 있다

누구의 솜씨인가 저 박음질 선
자투리 천 조각 깁고 이어 정교하게 지나간 오버로크 선

드르륵드르륵 체게바라는 오토바이로 세계를 여행했다지?
그가 지나간 바퀴 자국을 짚어가다가
손바닥처럼 펼쳐진 몽골의 초원에 조랑말 떼가 달리고
바람이 달리고 염소가 달리고 내 코가 달린다
조랑말들은 박음질 발만큼 촘촘하다

나는 코를 골며 누나가 박아 놓은 오버로크선을 따라가다
자그마하게 기워 놓은 자투리 천 조각에서 멈춘다
아침 일찍 나갔다 저녁 늦게 들어온 누나가 겨우 차려 준 것은
수수깡 같은 수제비 한 그릇
허기를 짚어가며 밥그릇 속을 핥으며 겨우 끼니를 채운다

그러다가 알록달록 기워 놓은 이불 속으로 들어가 드르륵드르륵 다시 달린다
쿠바를 달리고 미얀마를 달리고 카자흐스탄, 러시아를 달린다

바이칼 호수에서 염소들이 목욕을 하고 물장구를 치고 나도 목욕을 하고

아침 햇살에 눈 비벼 뜨면
누나는 또다시 재봉틀을 돌리러 나갔고 염소 한 마리가 내 이불 속에서
몸을 비볐는지 바이칼 호수가 오버로크 되어 있었다

나는 젖은 지도를 차곡차곡 접어놓는다

최소한 신은 하나가 아니라는 것

물론 인간은 하나님을 신으로 모시고 산다. 인간은 각자에 걸맞은 신을 신으로 모시고 산다지, 집에도 있고 집 밖에도 있어서 마음에도 있고 마음 밖에도 있어 신발장엔 신발들이 나란하다.

나무 위 길가 시장통, 심지어 인간이 닿는 어디라도 인간이 닿지 않은 그 어떤 곳에도 신은 신답게 신이어야 했다. 인간의 영혼을 구원과 심판으로 구분 짓는다는 신, 신도 위계가 있고 색깔이 있다. 하이힐, 구두 슬리퍼 짚신 나막신, 하양 빨강 검정 얼룩 신, 지구의 신 은하를 총체적으로 주관하는 우주의 신, 그 신들도 그에 따른 체계가 있다. 그렇다고 신들도 별들처럼 반짝일 수는 없다. 그리하여 인간은 신을 떼어내고 살 수 없는 가치 관계.

태초에 하나님은 인간을 창조했다. 태초에 인간들은 하나님을 창조했다. 믿거나 말거나이겠지만 이 이분법을 모독하는 자들은 관계가 성립될 수 없다.

우주는 크고 작은, 더 크고 작은 우주가 있고 신도 크고 작은 더 크고 작은 신이 있고 있어서.

보이저 1호는 42년 동안 고작 우주의 손톱 끝도 도달치 못했다.

내 새끼발가락 사이 아픈 티눈을 탄생시킨 건 꼭 낀 신, 신발 때문이다.

수제비를 뜨며

수제비를 뜬다
기억이란 고작 눌어붙는 냄비를 젓는 것처럼 사소한 일
눈발처럼 은총처럼 잠시 앉았다 날아간 새의 둥지처럼
그는 마을 산기슭이 집이었던 적이 있다
밤마다 마을 정수리에 따뜻한 별들이 내려와 박혔다

박다가 구부러진 못
어머니는 더 이상 못질을 하지 않았다

수제비를 젓는다
오래된 맛을 떠올리는 것처럼 밋밋한 일은 없겠지만
사내아이는 등이 간지러웠고
불행은 어릴 때부터 시작이었다

누군가에게 덜미가 잡힌 듯한 추레한 사내아이
곱사등이라고 꼽추라고 이름 붙여진 아이
동네 아이들에게 충분한 놀림거리였고
쥐뿔도 없이 풍산 종친들은 어머니에게 죄라는 낙인을 찍었다
그렇게 몰락은 명분을 얻었다

〈

수제비를 먹는다
멸시와 따가운 시선을 감내한 어머니가 있었다
수제비의 논리로 따지면 모든 수제비는 수제비
수제비가 무릎 꿇는 일을 본 적이 있는가?
꼬부리고 돌아앉은 이상한 슬픔은 그때부터 감지되었다
입속에서 뜨거운 수제비를 굴린다

협곡에서 냇물이 몸서리치며 휘어진다

수제비를 뜨던
산기슭 짚 검불을 무덤처럼 덮고 자던
그렇게 춥지만은 않던, 어릴 적
어머니가 떠주던 감자 수제비

항아리 항성이라 불리는 지옥

너는 우주 어딘가에 지옥의 항아리가 존재한다 했다

항아리는 말로만 듣던 지옥의 불두덩이
경전에서 말하는 죄의 감옥소라 했다
항아리 크기는 상상을 초월하지만 어렵게 말하면
보통 항아리라 생각해도 무방할 것이다

달항아리, 청자처럼 빼어난 지옥이 아니기에 그저
접시 위에 깍두기 하나 올려놓고 각만 쳤다고 이해하면
될 것이라 했다

항아리는 풀무의 아궁이, 사방으로 뿜어 대는 불의 춤
죄의 성질에 따라 영혼의 피복이 벗겨질 때까지
빨갛게 태우고 태우면
오징어의 뒤틀림처럼 새까만 비명들

불쏘시개질을 한다

시끄러운 놈부터 이곳저곳 찔러대고 쑤셔댄다
죄의 성질이 강한 시래기, 사골, 오리 백숙 같은 놈은

불두덩이 속에서 더 오랫동안 팔팔 끓여댄다
그러다 불똥이 튀어
불씨로 튕겨 나간 영혼들이 종종 생긴다
튕겨 나간 영혼들은 항아리의 항성 주위를 초파리처럼 돈다
요행 같은 건 꿈도 꾸지 않은 터라 그들은 엄청난 행운에 서로 토닥이며 축하해준다

항아리 부피가 늘었다 줄었다 한다
부피가 커지면 영혼들은 더 크게 뜨거워하고
부피가 작아지면 만원 버스에 오른 것처럼 지옥이 따로 없다고 난리다

백골 사자들이 불쏘시개로 찔러보고 뒤집어보고 휙휙 젓는다
안과 밖의 항아리는 과열 중이다
항아리의 수명은 아직 수십억 년이 남았고 무료함은 잠시라도 참을 수 없다
사자들의 놀잇감은 항상 구워지고 삶아지고 볶아지고 달여진다

콩을 볶는다

톡톡 튀는 콩, 안절부절못하는 콩을 두고
지상에서 꽤나 부질없는 놈들이었겠다고 백골 사자들은 지들끼리 킥킥거린다
빨갛게 익은 웃음,
까맣게 탄 부질없는 콩들이 맛있을 리가 없다
사자들은 먹다 만 콩을 퉤퉤, 욕처럼 뱉어내고

'지옥은 없다 지옥은 꼭 없어'라고 이렇게 말하던 콩들은
'지옥은 있어 지옥은 절대 있어'라고 긍정한 이들보다 꽤 늦게 항아리 속에 입주한다
그들에겐 이해가 필요하고 합당한 설득의 시간이 필요하기 때문이다
우주엔 숨겨진 항아리가 있고

펄펄 끓고 끓는다

언젠가 항아리가 깨질 때까지 그들은 잘 견뎌낼 수 있을까?
그땐, 새로운 빅뱅으로 인해 거듭날 수 있는 것인가?

염소의 밤

선명해질수록 눈은 커진다.

언젠가 커다란 눈을 가진 집이 있었고 그 집은 외딴, 외눈박이 집이었다. 매의 눈이라고도 하고 뱀의 눈이라고도 하지만 몹쓸 갈치의 눈이라고 치자.

그 갈치의 눈을 가진 집은 뿔이 두 개요, 혀가 두 개요, 젖이 두 개의 달이 떴다. 그렇다고 달밤이라고 하기는 헐겁고 염소의 밤이라고 하자. 염소의 총체적 걱정은 염소의 달이 다 차서 부풀면 저도 모르는 누군가 젖을 짜간다는 설이 있다.

보라 틀로 짜인, 노란 틀로 짜인 소문 뒤로

서걱대는 눈빛.

밤의 모퉁이에서 누군가 힐끔거린다.

족제비처럼 목이 긴 복도.

사내아이 짚 검불 끌어안고 돌배처럼 잠이든 밤.

그리고

눈이 내리고 있었다
후미진 골목이었고 극장 앞 7시는 한산했다
혁재형님*은 기타를 만지작거린다

간혹 연인들 한두 쌍
골목은 허름한 벽돌담으로 통했다

시작은 어떤 연유라 할 것 없이 백구 한 마리
찢어진 담장 구멍에 단추처럼 채워져 있다는 것
튜닝이 필요했다

갑자기 목에 칼을 찬 고전의 그 누군가가 생각났다
우스꽝스러우면서도 안쓰러운 백구의 모습은
내 머리를 찬란하게 내리쳤다

알림판에 부착된 포스트잇처럼
백구의 눈, 우리 이제 그만 볼까?
백구의 귀, 그 말은 내일 들었던 말이잖아
공연은 지연되고 있었다

프로젝트에서 쏘아진 영상처럼 공연 주제는
'그리고'였다

그리고를 구름이라고 깜박 상상을 하다
우리는 우선 와인과 함께 부지런히 음식을 입으로 날라댔다
눈발이 내리고 있었다

처연한 백구의 얼굴, 몸통도 없이 꼬리도 없이
두 귀, 두 눈, 뚫린 두 콧구멍
다행이랄까 위협적인 총구는 말랑했고
언제라도 욕설을 쏟아낼 기세로 얌전했다

마침내 기타가 제 선율을 찾은 듯 열광의 랩소디가 시작되었고
12월 31일이었고
7시 극장 앞은 한산했고
카페 극장 앞 관객들은 아모르파티로 신념들을 다져갔다
그리고

눈이 내리고 있었다
바람이 아닌 바람이 찾아들었고

바람이 만든 포스터는 유리벽에 척 척 나붙었고
몸통 없이 백구는 꼬리치고
여전히 눈은 내리고

손과 발들은 열심히 환호했다

벽돌담 이면에는 어떤 배후가 있었나
저승에서 이승을 내다보는 얼굴
그 뒤에는 요리조리 흔드는 꼬리가
경건한 척,
12월 31일이었다

백구의 감춰진 꼬리의 유연성처럼
좌로 흔들 우로 뱅글뱅글
꼬리 치는 꼬리 따라 우리도 추錘를 맞추며
내일이라는 기억 속으로 다가가고 있었다

* 바람이의 애칭

그 노총각이 쓸쓸하다

난로 위 주전자, 주전자가 열이 바짝 올라 있다.

꼭지 달린 모자 눌러쓴 주전자는 콧대가 높다. 감기라도 걸리면 코마개 할 때도 있다. 그러면 가래 끓는 목 가다듬으면서도 철없이 태평소를 불어 댄다. 사람들은 잠시 일손을 놓고 아랫목 같은 그 주변으로 둘러앉아 젖은 깃 털듯 마른 손을 비벼대며 태평소 이야기에 젖곤 했다. 그러나 이젠 찾아주는 이라곤 잠시 왔다 간 사무실 미스 홍, 한두 잔 뜨거운 커피물만 콜록콜록 따라갈 뿐, 사람들에게 태평소는 시끄러운 소음일 따름이다.

주전자는 얼굴 가득 침통한 기색으로 화끈거린다. 줄담배를 피운다. 수음하듯 뿜어 대는 탄식의 비음. 난로는 풀무처럼 쉼 없이 불을 뿜어내고 주전자는 매번 모자만 벗었다 썼다 할 뿐, 속이 타는 자의 갈증을 알아주는 이 없다. 구수한 보리차, 생강 조각을 썰어 넣고 목 가다듬어 한없이 불던 태평소, 이제는 한 모금 훌쩍이며 적실 이도 없다.

밤새도록 달아 있는 난로 위 사내의 아랫도리가 쓸쓸하다.

3부

플루트 연주

한 겹의 옷고름을 벗겨내니 속옷이 슬림하다. 그런 속옷을 다시 벗겨내는 순간 나의 맥박은 불편해지고 너의 눈은 촉촉하다. 촉촉한 바람에 나의 맥박은 4월로 뛴다.

허튼 바람에도 꽃망울 터지는 것은 벌총새가 냅다 모자를 벗겨갔기 때문이다.

노오란 향, 생기발랄한 거품을 가졌다는 것 갓 끓어 넘치는 거품이 흘러내린다. 그 생기발랄한 혀가 흘러내린다. 온몸에서 쫙 펼쳐지는 너의 슬림한 슬립은

그 하얀 슬립은 침실에서 윙윙 돌다 떨어진 하루살이, 스탠드 불빛 속 플루트를 불며 떨어진 그 하루살이도 속옷을 입었다. 빨간 속옷이 하얀 속옷을 벗어던진다.

나도 가끔 부끄러워 캄캄하던 귀가 빨갛다.

개기월식

심야의 하늘은 19세 미만 시청 불가이다

내 몸은 한 달팽이관으로부터 투시된다
빛의 방향에서 지구의 뒷모습은 캄캄하고 나는 발광한다

보름마다 휘영청 부풀어 오르는 나는
당신의 메마른 손에 의해 섬광처럼 오열한다

그 섬광은 어둠이 어둠을 덮칠 때 피어나는 하얀 무지개
촉촉한 순두부 야들야들한 것이 먹고 싶은가요?
혼귀처럼 철썩 달라붙어 떨어지지 않는 당신

내 몸이 투시된다
사마귀의 본능이냐 아작아작 먹어 치워야 성이 풀릴 것 같은 나는
동공 없는 자세로 서 있다
나의 창, 하얗게 번지는 신음의 지문마다 몸을 떤다
그 지문은 혈관을 타고 뇌파를 증폭시킨다
그로부터
암중모색暗中摸索

〈

100만MW의 전력을 충전 중이다

새싹

양말이 구멍이 나서 둘째 발가락이 얼굴을 내밀어서 꼼지락꼼지락, 숨어 숨어라고 부끄러움을 다그치는데 발가락은 한사코 머리부터 내밀며 실랑이를 벌인다. 신경이 이만저만 쓰이는 게 아니어서 담배를 피울 때마다 목이 칼칼해 자꾸 기침이, 기침을 하면서도 악착같이 담배를 피우는 고집은 어떻게 달래야, 황사에 눈이 시린 눈물을 그만 흘릴 수 있을까? 덥수룩한 머리는 자르고 잘라도 금방 치켜뜨고 굳이 내 몸에서 비집고 빠져나오려는 이 아우성은 어떤 대응으로 대체해야 하나.

발가락이 콜록콜록 담배 연기를 뿜어 대고 구멍 난 구멍을 삐져나온 기침이 감자인 양 데구루루 튀어나왔다. 입술은 자꾸 메말라 덧칠하고, 바른 침은 녹이 슬어 점점 두툼해지는 악어, 한번 물면 당최 열리지 않는 악어 지갑처럼 얼룩말을 물었다. 발버둥 치는 얼룩말은 필사적인 구원의 말을 뱉어 대는데 악어는 그 말을 삼켜버린다.

악어가 오리발을 내밀고, 봉인된 발가락은 햇빛 아래 반짝 웃음 짓고 아무리 감추려고 꼼지락거릴수록 다른 발가락에게 빌미만 줄 뿐이다. 유독 둘째 발가락만이 머리가 커서 항상 먼저 물어뜯고 나오는 억척스러움이 있다.

그러한 틈새를 노리는 발가락은 말장난처럼 줘꼬리만

큼의 품위가 없다. 내 몸에서 기어코 빠져나오고픈 이 욕망 덩어리를 도대체 어찌하란 말인가?라고 발가락은 쓴다.

반짝이는 소년

해바라기가 입을 딱 벌리고 있다
둥글고 가지런한 치아, 웃음을 남발하고

벌총새는 꽃침 한 방 놓고
꽃잎 스케일링
아파도 웃음을 멈출 수 없어서
때때로 벌들이 몰려왔다 몰려가고
침이 고여 삼킬 수 없어 치사해지고
패턴을 달리 한 배추흰나비 거들먹거리고
그렇게 꿀샘은 채취당하고
해바라기는 해바라지게 웃고

옆 가지가 간지러워
금방이라도 웃음 하나 튀어나올 증상으로

브러시로 양치를 하고
그러다 꽃잎 하나 떨어지고 웃음을 참을 수 없어
이빨 빠진 개구쟁이 소년이 된다

소년은 제 키가 제법 크다고 생각하고

빨리 어른이 꿈이고
빠진 이가 서글퍼서만이 아닌
엄마의 간섭이 아프다

소년은 지퍼를 내리고
선 채로 발아래 물을 뿌리고
불쑥 자란 듯 혼자 대견해하고
이는 언제 돋아야 할지 눈치만 보는데
바람은 놓칠세라 그 틈을 차고앉아
웃음 사이에 끼고

해바라기는 여전히 옆 가지가 간지럽고
함지박 웃음은 멈출 수 없고
떨어진 꽃잎 하나 지붕 위에서
반짝이고

바람이 말하는 것들

내 앞에서 손뼉은 치지 말아요.

그렇지 않으면 나는 손뼉 사이에서 납작하게 구겨질 것이고 부끄러운 내력이 한 페이지씩 넘어가니까요. 넘겨진 페이지는 어느새 벽보가 되고 벽이 되고 벽은 고스란히 바람의 내력과 족적을 남기게 되죠. 그 벽화에는 아홉 개의 머리를 가진 물뱀 히드라의 전설을 가진 떡갈나무가 있고 언젠가 떠나가던 버드나무 여인이 있고 여인의 머리를 칭칭 감은 뱀의 혀가 있고 수 세기 전으로부터 건너온 뱀의 로프가 있지요. 로프를 타고 거미가 수세기 전을 읽고 있어요.

내력을 읽다 보니 각인된 생각들이 있어요.
강마을 야산에서 볏짚 둘둘 말고 유충이 잠자는 밤
나는 어느 유충의 몸짓, 형상을 떠올리곤 해요.

귀가를 서두르던 바람은 그 유충의 질펀한 구멍을 지름길로 택했죠. 밤마다 그의 귓속이 간지러웠겠죠. 가끔 그의 얘기를 듣곤 하죠. '달이 닫히기 전 빠져나가야 해' 꿈을 꾸듯 '이 밤의 문을 빨리 벗어나야만 해'라고 엇비슷 따라 하죠. 꿈은 여러 갈래, 나는 쫓기듯 토굴을 빠져나와 때죽나무에 다다라서야 안도의 숨을 매달았어요. 매달린 바람은 이미 바람이 아니라고 봐요. 나는 유체 동물이라도 된 듯 무엇이든 덥석 물어가기도 해요. 나에게 물린 때죽나무 잎이 구겨질 때는 웃음을 뱅그르르 몇 바퀴 돌리곤 해요.

어느 날 나의 습성을 끌어 모아 불던 방향을 바꿔 줬더니 나도 모르는 계획이 재편성되지 뭐예요?

나는 늘 긍정만 할 줄 알아요.

저기 끄덕이는 긍정을 좀 봐요.

나는 늘 부정만 할 줄 알아요.

저기 온몸으로 뒤트는 부정을 봐요.

때 아닌 바람이 불어서 나는 나에게 너는 너에게 되돌아갔던 거래요.

바람의 페이지를 읽다 보면 바람은 절대 불었던 방향으로 다시 되돌아가지 않는 습성이 있어요. 토란잎의 물방울이 슬슬 머리를 간질이네요. 간지러울 때마다 생각이 쏟아져 나와요.

그런 나의 내력은 벽에 화석이 되어 있어요.

그것은 손뼉에 납작해진 한 페이지라고만 할래요.

나는 잠시 죽어서 내가 사는 나를 본다

코끝이 타들어 간다.

살아 있는 나는 죽어라 죽도록 죽음의 낭떠러지에 매달려 있지 않은가?

살아도 죽어도 부지깽이의 생,

식탁, 빈 거실, 거실에 겉도는 선풍기, 자그마한 방 서재, 널려진 책, 식은 커피

도대체 여기는 지금 어딘가?

가장 높이 나는 새의 겨드랑에 올라탔다.

겨드랑이가 가장 시원하다는 걸 거미는 이미 알고 있었으므로

현재까지 도달한 거미는 엊저녁쯤 되어서야 구름 위에 지반을 쌓고 탄성 강한 구름을 시추해낸 것이다. 구름 공법을 택한 거미는 구름으로부터 자재와 전기를 공급받을 것이다.

일단 기초가 헐렁한지를 흔들어보고 헐렁한 기초를 타고 내려와 숲이나 강변, APT 어디든 가리지 않지만, 이번만은 미리 정해놓은 허름한 골목, 감나무가 있고 철재 계단이 있는 주택가 사이를 고집하고 부재를 부려놓았다.

그는 바로크풍과 비잔틴풍 건축을 좋아하나 밀라노 두

오모 성당 형식을 택하기로 했다.

물론 적합하다 판단한 거미는 뾰족뾰족한 첨탑, 그 얼굴들을 크로키시켜 복잡함을 걷어낸 단순 형태로 자랑스러운 엉덩이 베틀로부터 나올 것이다. 편식은 단순 공법에 좋다.

측량은 완벽하게 끝났으나 구름이 떠돌지 못하도록 방금 전 타고 내려온 거미줄을 철재 계단에 꽁꽁 맸다. 고삐에서 벗어나려는 말처럼 구름의 난동이 조금 안정이 됐다 싶었을 때 거미는 감나무를 오르기 시작했고 거미의 집은 하룻밤 반나절이면 완성될 것이다. 하지만 끝이란 결코 있을 수 없는 일이라 했다.

얼추 지렁이 보폭이다. 직선 공법을 즐기던 거미가 순간 몸을 튼다.

"에구머니!"

"깜짝 놀랐잖아"

난데없이 토라지는 너의 추임새에 화가 났다. 하지만 엉킴은 없었다.

이어 문과 창, 창살은 꼭 필요성은 없지만 필요성을 무슨 이니셜인 양 감춰 쓰다 제트기류처럼 솟구친다. 말 등을 후려

치면 알 수 있듯 비처럼 솟구치다 꽃잎처럼 추락하는 생이란 작두에 베어진 손목처럼 가슴 철렁한 일이다. 비탄과 탄성을 내포한 거미줄은 십자 공법에서 시작해 아치 형태에 와서야 끝나지만 거미는 내실에 좀 더 공을 들이기로 했다. 조금 전 구름이 또 난동을 부렸는지 설익은 감이 툭 떨어졌다. 그래 봤자 너에게 걸쳐 놓았던 어깨 하나 정도 무너진 것처럼 사소한 일이라고 거미는 오르지 혼자의 힘으로 거미는 거미인 것이다.

쓸데없이 왜 사느냐고 묻듯 거미는 마지막 한 가닥 줄을 튕겨본다.

저쪽에서 신호가 왔다.

죽음 밖 어디쯤 있을 나

언제쯤이었는지 짐작도 할 수 없다
하지만 거미는 결코 죽을 생각은 없었던 걸로 알고 있다

거미가 몇 초 동안 살아 꿈틀꿈틀한다
주검의 날개가 겨드랑이로부터 돋아난다
미동도 없이 거미는 자꾸 허기를 느끼곤 한다
아까 먹다 만 치킨 날개를 후회한다

주검, 왠지 살아 있을 때보다 정신이 멀쩡하다는 느낌
하지만 마취가 풀리듯 점점이
암막처럼 펼쳐지는 빛
그물에 걸려 빠져나오지 못하던 날벌레들의 절박했던 순간,
등골이 환해진다

일상이 투시되던 생, 생이란
몇 층에서 누굴 만났다 몇 층으로 미끄러지는지
개인 사생활 차원에서 거미들에겐 논란의 여지가 없을 리가 없다

전생에서도 이승에서도 나의 빌어먹을 습성은 변함이 없다

빈손에
가방도 없어
고만고만한 인연
주렁주렁 관념들로 꼬여
또다시 복잡 미묘한 관계망 속에서 살아가야 할,

우주가 소용돌이쳐 거미집에 꽃잎, 나뭇잎
날벌레들이 찾아와
위로랍시고 목숨을 선물로 바치겠지
그런 나는 타고난 식성대로 게걸스럽게 받아먹겠지

나는 잠시 죽어서 내가 사는 나를 본다

구두 샵

이 경기는 2인 1조 100미터 여자 육상경기이다

이 경기를 보려면 시간의 굴레를 내려놓아야 한다

각각의 트랙에는 본적의 주소를 문패처럼 쥐고 있는 선수들

한 뼘의 자세로 날씬한 허리를 구부리고 땅을 짚고 출발 신호를 기다린다

울그락불그락 삶이 고단한 허리가 아파온다

이 경기는 시야에서 먼저 사라지는 선수가 우승

출발 신호는 호주머니 속에서 망설이고 지나가는 관객보다 더디다

드디어 출발의 총성은 문을 박차고 나온다

제일 먼저 나온 노란 머리의 하이힐이 따박따박 시야 밖으로 사라진다

미용실이 그리 멀지 않은 재개발지역

이미 빠져나간 길들은 헝클어지고
시간이 짙어질수록 남겨진 창들은 출출하게 닫혀 있다

출출한 골목을 오르면 꼬르륵 허방을 딛고 내려오는 어둠
물밀 듯 살아온 날들이 고스란히 철거당하는 마음이다

너는 머리를 자른다
집집마다 추레함이 흘러내린다

켜지 않은 창은 꺼진 창이라 할 수 없듯
나이가 들수록 캄캄해지는 얼굴
밀가루 반죽처럼 뭉개졌다 국수가락으로 쏟아내는
풀어진 면발이 찰랑거린다

펌을 한다
나도 서둘러 어떠한 조치가 필요하다

쫓기듯 등 떠밀리는 도미노의 연쇄반응에
집집마다 버려진 세간, 세간살이들

〈

길가에 나앉은 헐렁함, 고단함, 고집 센, 의자, 찌그러진, 쓰레기들이 범람한

나의 몽실몽실한 머릿속이 곱슬곱슬하다

겨울장미

마른기침과 재채기를 번갈아 한다

곧 비가 올 기세로
먹구름 속에서 바이러스가 동남 방향으로 빠르게 이동 중이다

제때 피우지 못한 꽃은 항상 추돌을 야기시킨다

오래된 빌라 맨 끝 층
머리가 간지럽다

천장에서 쥐들이 때마다 바닥을 갉아대고
나는 책상을 끄적인다

야심한 밤 하필 손톱 사이 피가 고인다는 것은
머지않아 신열身熱의 밤을 피울 꽃

천둥, 번개가 칠 요량으로
또다시 잦은 기침과 콧물이 간질거린다
〈

어느 순간 천장이 뻥 뚫려
기분 꿉꿉한 놈이 뛰쳐나오기라도 하면

나는 몸서리치듯 기겁하여 천둥을 내지르곤 하지

고름처럼 애처로이 척 달라붙은 독감, 인플루엔자
미열微烈의 꽃은 성호경을 외며

붉은, 신열의 밤 나는 핀다

참새, 소녀시대

참새들의 방은 분주하고 짹짹, 시장통이 따로 없다.

엉덩이 곧추세우고 어떻냐고 섹시 춤을 추는 참새, 네 엉덩이 짝궁뎅이라고 놀리는 참새, 불닭 볶음면만 좋아서 어떻게 어떻게 살찐다고 호들갑 떠는 참새, 한 젓가락이라도 얻어먹으려고 달려드는 참새 세 마리, 애니팡에 빠져 밥도 거르며 언젠가는 마왕 섬에 입성해 보이겠다고 잘 알지도 못한 친구들에게 하트 뿅뿅 날리며 구름 속을 아직도 헤매는 참새, 그새 볶음면 다 먹고 맵다고 눈물 짜다 볶음면 국물에 밥까지 비벼 먹는 참새 그러고는 어떻게 그새 살찐 거야? 앙앙대는 그 참새, 흰색 슬립 옷을 누가 가져갔냐고 일일이 친구들의 속옷을 까보는 참새, 그들의 방은 오늘 저녁 외출 금지다.

내가 자주 놀러 가는 동네에 잘 생기고 노래도 썩 잘하는 훈남 인간이 산다고 자랑질하며 인간으로 태어났으면 분명 그 오빠랑 결혼했을 거라고 말해놓고 좋아 죽는 참새, 이빨이나 닦아 지집애야 핀잔주는 참새, 그럼 내가 로또에 당첨만 되면 인간으로 둔갑시켜준다는 참새, 인간 오빠 만날 수 있어 좋다고 짹짹짹 날아오르다 천정에 헤딩하는 그 참새, 화장실 가고 싶다고 문 열어 달라 문 두드리

는 참새.(모두 귀를 쫑긋 세운다)

네가 인간이냐 그냥 거기다 까고 싸라고 문밖에서 고함치는 매니저 참새, 일제히 까르르르 배꼽 잡고 나뒹구는 참새들.

그나저나 넌 뱃속이 꽤 만족스러워 보인다는 말에 기다렸다는 듯 참새, 운이 좋았다고 할까? 어디서 숨어 살았는지 살이 푸둥푸둥 오른 호랑나방 애벌레를 딱 잡았지 뭐야? 요즘 시세로 치면 이탈리아 명품요리 저리 가라 할 정도잖아? 시푸른 즙에 스토롱을 꽂고 우아하게 전망 좋은 숲, 스카이라운지로 갔지 인간들을 전망 삼아, 또 혁재 오빠를 볼까 해서 반나절 거기서 먹고 왔다며 얼굴 빨개지는 참새, 아이 지집애 짹짹짹… 근데 너도 그 인간 타령? 가슴까지 빨개지는 얼굴 빨간 참새 그런데 얘들아, 우리가 아무리 참새라고 너무 조잘대는 거 아냐? 그래 맞아맞아 내일 곤줄박이 마을 공연도 가야 하니 불 끄고 자자 공연 끝나고 그룹 미팅 있는 거 알지? 난 인간 오빠랑… 이빨이나 닦으랬지! 짹짹짹.

온전한 비대칭

뿌리째 뽑힌 새가 죽을 리 없겠지만 정말 죽어버렸다면
그건 새가 갈아 끼울 부리가 없기 때문만은 아닐 거야

오른쪽 나무가 왼쪽으로 세간을 옮겨간 이유는
그건 오른쪽으로 숨통이 트였다는 것이고
내일이면 나뭇가지가 늘어지고 다음 주중 그늘을 걷어갔기 때문이야
가령 나무가 긍정의 고갯짓을 젓는다는 것은 모든 나무가
숨통을 갖고 있지 않을 거라는 착각 때문만은 아니야

그러니까 시끌시끌하던 꽃잎마저 한바탕 떠들지 못하는 거야
최대한 팔을 뻗고 혀를 말았다 풀어놔봐
왼쪽 나무가 왼쪽으로 더 목이 마르다는 걸 알 수 있겠지

온전한 시간은 웜홀의 터널을 빠져나와야만 알 수 있어
언젠가는 돌아올 거라는 것은 꼭 믿지는 마
밑둥치 아래 볼록한 어둠의 나날, 어둠의 사이를 좀 긁어주겠어?

누군가 목덜미를 잡고 뿌리째 뽑아버릴 것만 같은 이 불길함
영원할 것만 같던 이 순간은,

온전한 비대칭의 간극에서 벗어나면
비로소 숨통이 트일 거니?
뿌리째 뽑힌 새는 날아가고 그렇게 새는 꽃 피울 거니?

어떤 오른쪽이 왼쪽으로 세간을 옮겨갈 때

파리, 죽음에 관한 기록

책방으로 파리들이 따라 들어왔다
이것들이 정말?
위 잉잉~ 저공비행 훈련이라도 하는지 기세등등
요리조리 곡예를 부리다가 안착하는가 싶다가도 재출격
마지못해 사내는 냄새 없는 방귀를 뿜어 댔다
냄새 없는 홈키파로 몇 차례 얻어맞고 파리가 해피*에게 추락했다
달콤한 꿈을 꾸던 해피는 기겁을 하며 해피답지 않게 달아나 손으로 찝찝한 꿈을 털어댄다
사내는 날아가는, 앉아 있는 파리들을 얄궂게 공략한다
서너 마리가 떨어져 뒤집혔다(왜 파리는 죽을 때 바로 눕는가?)

싱크로나이즈드 수영 종목을 재연이라도 하는지
파리는 가늘고 여린 6개의 다리를 뻗어 책상 위에 뒤집혀 발레를 한다
각각의 발끝은 허공과 미련과 쓸쓸함과 후회 따위를 짚어가며 혼신의 몸부림을 친다
죽었거니 하면 또다시 끈질긴 저 발놀림
죽음이란 저리도 미련스러운 것인가?
혹여 무슨 일이 생길까 더럭 겁이 났다
파리가 죽으면 파리의 파리들이 조문을 올까, 오지 않을까?

그 조문 행렬을 받아줘야 하나 안 받아줘야 하나

정수淨水한 책상 위라 그는 확인 살포를 하지 못하고 스스로 죽어가는 것을 지켜볼 뿐

혹, 파리는 아직도 요행 따위를 믿는지도 모르겠다
수술을 집도하는 의사처럼 매스와 가위를 쥐고 자가수술이라도 하는 것인지
링거에 물이 돌 듯 여전히 보일러의 핏물 떨어지는 소리
3쌍의 다리, 6개의 매스, 가위, 집게…
그는 파리가 살아나면 기뻐해야 할지 두려워해야 할지
파리가 죽으면 슬퍼해야 할지 안도해야 할지
시계가 촉각일 때마다 고민이 시끄럽다
읽던 책을 저 만쯤 밀어놓고 빨리 죽어줬으면 한다
뭔가가 잘못되어가고 있다는 직감, 집게의 손놀림이 빨라졌다
그는 샤프펜 촉으로 콕 찔러버릴까? 생각도 했다

갑자기 물살 친다
머리 비틀린 풍뎅이처럼 뒤집혀서 파드닥 돈다

어디선가 주검이 또 살아난 소식이 만져진다
스탠드 아래로 불안이 켜진다
왜 자꾸 기도하는 마음이 드는 걸까?
프랑스와 우루과이전, 관중석 어린 소년의 울음
히메네스 선수의 격한 눈물 때문이라고 생각지는 않지만
꼭 한 골만이라도 죽여줬으면 했다 하지만…

결과가 궁금해졌다
파리가 여전히 몸서리치며 책상 위에서 판 빙빙
그는 죽어가는 파리의 가해자이자 유일한 목격자
기록만이 정당방어라 생각하며
지루한 한 페이지가 넘어갔다

마음 바뀌기 전에 후딱 날아올라
그가 자꾸만 부끄러워지는 건
서재의 모든 눈들이 그만 바라보고 있기 때문
검투사의 승리에 열광하는 관중들의 함성
엄지손가락 척 밑으로 내리며 다이~ 다이를 외치는
보일러는 켜지도 않았는데 여름은 자꾸 쪼르륵 줄줄 불안을 가중시킨다

그동안 쏟아 낸 것만 치더라도 떠나간 너에게 벌써 가 닿았으리라 생각해
담배를 피우고 올 테니
그 안에 죽었으면 좋겠어

아니 달아나, 멀리 퇴원했으면 해
징그럽다 파리
라이트를 끌게
해피?

* 포멜라이언

텔레비전 고장 나면

내용 없이 그녀가 하얗게 웃는다

나는 얼굴 없어 마주할 필요가 없다고 생각하나
그렇다고 어디를 봐야 할지도 난감하다
주인 없는 말들이 저희들끼리 방 안을 떠돌아다니며
나의 생각과 언어들을 훼방 놓는다

고장 난 것들은 때론 괴팍한 법
토라진 그녀가 다시 얼굴을 바꾼다
그녀가 팍 하고 불꽃 뱉어내면 오존같이 풍기는 냄새
방 안 사물들은 일제히 구린내 풍기듯 소란하다
나도 가끔 그녀로 인해 몸의 털들이 쭈뼛 서기도 한다

고장 난 창
빛이 삐걱거리며 닫히면 나는 갑자기 캄캄해지고
그녀는……
다시 창을 연다
하얗게 일그러진 창밖 소리로
원인을 규명해보고 싶은 생각이 든다

소리의 회로란 멀고도 복잡하다
기억의 소자는 수렁 같아서 쉽사리 빠져나온다 해도
통과 여부를 묻는 놈이 떡 버티고 있어 까다롭다
하지만 희망이라는 발광 모자를 벗지 않는다면 낭패 볼 것은 없다

그녀가 웃는다
웃다가 일그러진다 나는 밤새도록 창을 열어 둔다

불면

구멍 난 침대에서 밤 물결이 새어들면

실밥 터진 베갯속에서 가늘고도 긴 날짐승이 울어요

그러면 이불 밖으로 던져버리죠

던져진 의식은 우물과 같아서

퍼도 퍼도 통 채워지지 않는 밤

생각의 돛을 내리고

거꾸로 숫자를 헤아려 보지만 더욱 또렷해지는 밤

머리맡에선 바퀴벌레가 바스락바스락

내 사각의 관을 짜고 있는 듯해요

내 몸은 나른 나른 바닥으로 꺼져만 가는데

의식은 방 밖으로 빠져나가 어디론가 가려고만 들고

밤은 자꾸만 달아나고 신경은 아무것에나 멱살을 잡으려 해요

100개의 화살을 맞은 짐승처럼 몸서리치며 모든 생각들이 칼을 품고

늪 속에서 잠복 중인 밤

시계 초침이 짐승의 울음으로 울어요

가로등에 그을린 긴 그림자 따라 나도 승냥이 울음으로 가요

4부

나비 볼트

우주는 크고 작은 볼트와 너트로 체결된 거대한 구조물

M51, 안드로메다, 나선은하…

나사산을 깎으며 공식이 완성되어가듯

너와 나 한 쌍의 볼트 너트로 풀리지 않는 永遠이고 싶다

산과 바다, 하늘 위 그 어떤 것도 일점일획 오차 없이 체결된 하느님의 言

내접과 외접 쌍방을 교접하며 날아가는 저 붉은점모시나비

어디서 풀려나와 허공을 치고 있는가

이별의 증상

하얗다 아니 노랗다, 노랗다기보다 빨갛다
아냐아냐 물결은,
이별의 증상은 이렇게 알록달록해

봄은 거품이고
거품은 어떤 형태로도 내색을 하지 않았다
물결이 물결을 밀어낼 뿐
파랑 위에 하얀 물결
카페라테는 달콤했다
물결 위에 부유하는 하얀 언어들
바다는 종적을 감추고 캄캄하다

알 수 없는 비밀들이 밀려왔다 밀려가는 시간
피지 않은 봄은 향기가 없듯
해안으로 밀려오는 물결이 돌들을 어루만진다

짭조름하다

까르르 웃는 자갈들
온통 맨몸이다

숙연한 머리
겨드랑이가 간지럽다

물결 속으로 가만 손을 담가 본다
물결은 갑자기 혼란스럽다
물결이 물살을 포갠다
물결은 언어이고 호흡이고 거기에 네가 있었다

코스모스 주유소

잠자리 날아오르자 수혈을 마친 코스모스 목이 빳빳하다

밀집된 파란 하늘
가을은 숨 가쁘게 달려와 지상에 부려놓는다
무법의 항로에서 몰려드는 순차적 자유낙하
낙하지점은 배럴당 값을 흥정한다
섣불리 내려앉지 못하는 잠자리들

고추잠자리 빨간 점멸등이 가을을 속 태운다

사색의 비행술
낙엽은 순풍으로 저공비행 중이다

구부정한 허리를 곧추세우며
아무리 호객행위를 해도 바람의 단위로
치솟는 나의 가을을 누그러뜨리지는 못한다

달구지 끌고 가는 달팽이
어디쯤 가서 빈곤을 부려놓을는지

바람이 풀섶을 휘저을 때마다 빈곤이 울어댄다

달팽이 경제를 지고 유턴 지점에 있다

약도

날씨가 아프다
거울을 닦아볼까나
마음을 쓸어볼까나
더불어 술 한 잔 하러 오시라

이곳은 신포 나루, 곧 순풍의 비가 불리라
그대 찾아오리라
오시는 길 멀다지만
자작나무 역에서 도보로 갈아타면 10분 안팎
굵은 가지를 타고 한껏 올라오다 보면
잔가지 하나 툭 꺾인 유례없는 곳
상상의 나래를 펼쳐놓은 A.poRT

꺾였다는 것은 그 상처를 어루만지는 것
달빛 가난한 신포시장 한켠에서
막걸리 한 사발 꺾어볼까나
고주망태 되어볼까나

그대 오시는 길
애증의 열차에서 내려 빈 가슴으로 오시라

아니, 그대 취향대로 오시라
낮달의 무리 불 꺼지면 젊음의 발기가 발효되는 곳
가끔 이탈을 논하는 이들이 즐비한 곳

'무엇을 어떻게 요리할까'가 불가피한 곳
답동성당 성모의 눈빛이 파리하다
보도블록이 레일을 이탈하면 그것은 이탈이 아니고
내일이고 이상이고 꿈이다
시가 꿈의 일부가 될 수 없다던 그대
아, 그대여

자작나무역 도보로 10분

13번 버스를 타고

호수는 스크린을 켠다

빗방울 친다
점점이 박히는 빗방울 우산을 펼친다
우산이 여울져 간다
일만 개의 매를 맞고도 금세 아무는 상처
나는 일등석에 앉아 흐려진 안경을 닦으며
차창 와이퍼를 생각한다
호수는 고르지 않은 가슴을 쓸어 낸다

와이퍼가 팔을 흔든 순간
요트경기는 시작된다 호수는 소란스럽다
18번 항로에서 요트가 거침없이 내달린다
6번 요트의 빠른 출발로 진행은 무효화되고
와이퍼에 의해 쫙 쓸려나간다
호수의 단호한 판단에 의해 실격, 제명된다

관중들은 일제히 야유하고 호수는 갑자기 혼란스럽다
출렁이는 상념들 여울 밖으로 번진다
〈

다시 출발 신호가 떨어지고

맑고 투명한 호수는 눈물을 머금고 13번 요트가 먼저 앞서나온다

요트가 지나온 물길은 함성에 놀라 장대처럼 꼿꼿해진다

룰은 해제되고 나의 안경은 뚜렷해진다

그믐달

뚜껑은 열리고 밤은 아직 발효 중이다

밤의 항아리 속이 구리다고 속단하지 말자
지문을 찍어본 사람이면 알리라
판이하게 드러나는 음과 양
나는 그 음과 양의 어두운 항아리 속에 가라앉아 있다
한 여자가 침몰된 나를 한 바가지 떠간다

먹먹하다
날숨에서 피어나는 별들
별은 항아리 속 숨구멍
나는 무엇인가에 자꾸 익숙해지는 걸까

다시 한 여자 얼굴이 떴다
여자는 주기적으로 나를 찾아오곤 한다
지상에서 아직도 여자는 그 구간을 흐른다
여자여, 그만 뚜껑을 닫아주오

아, 나는 항아리 속에서 발효 중이다
피안을 위한 침잠

밤은 이제 뚜껑을 닫고
밤물결 따라 노를 젓는다

소낙비

비의 창살에 갇혔다

저기 온몸으로 창살에 갇혀 있는
수인囚人들이 있는가 하면
창살 영역을 지키려 처마 끝에 웅크린 자나
제 영역을 받쳐 들고 걸어가는
여자의 짧은 스커트가 자유롭다고 생각하는 너는
스커트 밑으로 발을 뻗고
차박차박 어디론가 이감되어간다

모두가 쓸쓸함 하나씩 달고 가는
그녀의 창살 반경은 그리 크지 않다
나를 구속하고 놓아주지 않는 것으로 봐선
종신형 그리하여
나는 몇 차례나 너를 사살한다
그럴수록 창살은 견고해진다

창살 안이 넓거나 좁거나
죄 값이 크거나 작거나
그 안에 갇혀 있는 이는 어딜 가나

그 흔적이 그대로 살아 있다
창살 안에 갇혀 있어도
오롯이 견뎌내는 저 어린 나무가
어린 물고기가
어린 새가
어린아이가 해맑다

살구나무 뒷마당

창 닫으며 열린 창을 생각하네

그리 오래전은 아니었네

하나 혹은 둘

아니면 없거나

잠에서 깨고 나면 밤새 꾼 꿈이 달아나듯

나의 오래되지 않은 나무에

오래되지 않은 열매 있었네

마당을 쓸어

살구나무 아래 살구 열매 대롱대롱 그림자

바라만 보네

창을 닫으면

열어놓은 창밖으로

세 번 깨고 든 잠

주말은 통 말이 없다
잇몸은 퉁퉁 부었고 이빨들은 대여라도 해온 듯 아귀에 맞질 않았다
무엇을 씹어도 그 맛이 아프다
틀을 갖췄다고 해서 될 일이 다 되는 건 아니다

이빨들이 부딪히는 소리는 둔탁하고 매우 허술하다
고르지 못한 치열들 육즙이 있고 성질이 약한 것들만 삼켰고
어제 먹은 이빨들이 통 시끄러워 잠에서 깬다
나는 이빨들을 뽑아서 방생이라도 해야 할까 생각한다

주말은 말이 없고 배가 아프다
아픈 배 쪽으로 아픔이 더 쏠린다
이빨은 제각각 너무 물러서 통제가 어렵고
이곳저곳 살포한 방역마저 소용이 없었다
아랫마을 뱃속 늪지에선 뱀들의 연대가 있나?
모두 통증을 꼬아대고 있다
무엇을 움켜쥐어야만 이 악력에서 풀어질 수 있을까?

주말은 온통 바이러스다
모든 짐승들은 간이 부어 있다

성깔지게 사나운 이빨이라고 모두 짐승이 될 수 없다
비가 내리고 있고 짐승들은 물렁해질 대로 물컹하기 때문이다

뜨거운 죽을 휘휘 젓는다
매생이 굴죽을 먹는다 늪을 펴서 호호 달래며 굴죽을 삼킨다

주말은 통 말이 없고 바이러스는 성행 중이다
변이 되고 변이 되어 꽃을 피운다
맨드라미도 바이러스의 일종이라 보면 될까?
그간의 꽃 같은 날들은 무익한 바이러스의 변종
너와 나 사이는 딱 그만큼 만이다

잠이 말한다
"잠 밖은 수렁과 공허와 무기력뿐이야"
"여기서만큼은 원하는 무엇이든 줄 테니 뭐든 호령해봐"
"모험의 스릴을 만끽하든 호러물을 좋아하면 뭐든 물어뜯어도 좋아"
"낭만? 신파도 가능하지, 그녀에게 애틋했던 시간의 감정을 돌려도 좋아"

잠에서 깨어났다
또

잠이 든다

몇 편의 영화 같은 꿈을 꾸었고
잠시 조용하다 싶더니 여백의 모자를 쓰고 주말이라는 놈이 나타났어
나의 주말을 물어봤지
격양된 어투로 주말은 말했어

"너의 존재는, 너의 주말은 자격이 없어"라고
"느껴봐, 강아지가 너의 콧등을 계속 핥고 있는 걸"
"네가 키운 늘어진 화초들이 네 목을 칭칭 조이고 있는 걸"
"네 추레한 잠이 모든 것을 원래대로 되돌리고 있어"
그러고는 주말은 사라졌다

나는 벌떡 눈을 떴다고 생각했다 눈은 떠지지 않았다
의식을 깨우려 팔을 휘저어도 의식은 돌아가지 않았다
어떻게 하면 그곳에서 깨어날 수 있지?
주말은 없었다

달무리

풀썩 장작불이 주저앉는다

강가에서는 누구나 한 번쯤 속도를 멈추고 머뭇거린다지?

타닥타닥 불씨가 튄다

어둠을 점등하는 저 불새들

영혼이 빠져나가는 것들

마지막 까치발까지 들고 불꽃을 태우는 밤

프라이팬에 달궈진

뭉클한 달

이마를 찍고 쪼개진다

물컹한 의식의 뇌혈이 미끄러져 나온다

대원사 가는 길

어린 날
문둥이처럼 가마떼기 덮고 산에서 자던 때나
친척집 식모일 해가며 가져온
누나의 설움의 밥을 먹던 때이거나
인천이 고향이라고 수없이 되씹으며
내 삶 영역 다져 오다가

산, 이만한 봉우리쯤 넘겠다 싶었는데
촛대봉 지나 천왕봉 중턱에 걸음 멈추고
그만 숨이 턱까지 찼다
졸아드는 심장
더는 못 가겠다고
널브러져 돌아다보면

지나온 길이 까마득하다
세석평전에 피어 있는 무수한 풀꽃들
세찬 비바람 속에서도
뒤틀림 없는 고지대 나무들
고사목이
어찌 그렇게도 곧고 곧으냐 싶어 물으면,

살면서 한두 번
입술 깨물어보지 않은 사람 없듯
산다는 건 묵묵히 견디는 거라며
섬진강 대밭으로부터 일기 시작한 바람이
솨아솨아,
귓불을 할퀸다

참새, 수묵화첩

그 방은 참새 외에 텅 비어 있었다.

문이 없지만, 창이 없지만, 천장도, 바닥도 구분 없는 텅 빈 그 방에는 참새 두 마리가 살고, 참새 세 마리가 살고, 그 방에는 참새 한 마리가 살고, 그러므로 그 방에는 참새 세 마리가 살고 있다. 방은 하나였다. 참새 한 마리 반, 틀 밖으로 이탈을 했다. 틀 안에는 한 마리 반이 그대로다.

안 되겠다 싶어 다시 어제의 방으로 넘기자, 어제가 함께 넘겨진 그 방에는 다시 참새 세 마리가 있다. 한 놈이 추후에 들어왔기 때문이다. 다시 어제 어제의 방을 넘기자 참새 두 마리가 있다.

참새 한 놈이 나가서 방앗간에 갔다 왔는지 슈퍼에 다녀왔는지 아니면 알이 꽉 찬 잡벌레를 실컷 잡아먹고 왔는지 알 수가 없다. 참새는 참새의 말을 하고 나는 참새가 아니므로 참새의 뜻을 모른다.

창이라면 창이 하나요, 문이라면 문이 하나요, 천장과 바닥이 구분이 없는 방

참새 두 마리가 나가서 시소를 타고 왔는지 싸움질을 하

고 왔는지 아니면 아이스크림을 먹고 데이트를 하고 왔는지 나는 하도 궁금하여 참새에게 물어보려 했지만 참새는 참새라서 나는 참새가 아니라서 두 참새의 행동거지를 알 수가 없다.

참새 한 마리는 참새 두 마리가 나간 후 심심했는지 그들이 어딜 다녀왔는지 뭘 먹고 왔는지 관심이 조금이라도 있는지 없는지를 나는 알 수가 없다. 분명한 것은 그 방에는 참새 세 마리가 있었다는 것과 지금은 한 마리 반밖에 없다는 것, 나는

참새들이 하도 관념적인 놀이에 필묵을 가져다가 먹물을 흠뻑 빨아 나무를 심고 난을 치듯 툭, 툭 끊어서 나뭇가지를, 나뭇잎을 그려 넣었다.

한전에서 허락하던 말든 나는 전깃줄을 마구 끌어왔다. 다섯 가닥 모두 팽팽하게 전류가 흐르는 전류를 타고 내일의 방으로 참새들이 날아왔다. 나뭇가지가 그새 자랐는지 전류를 튕기자 그제 서야 참새들이 재잘재잘 짹짹, 짹, 짹, 짹 거린다. 이제야 참새들의 속내를 알 것 같았다. 덤으로 오늘 그 방에는 빨간 열매가 한가득 열릴 것이다.

밤 고양이

고양이가 운다

콘크리트 벽 속에 갇혀 죽은 여자의 영혼을 타고났다는 그는
비쩍 마른 아파트 골목, 허기에 배를 문지르는 마을 쓰레기 더미에서
헛배 부른 폐비닐만 뒤적인다
배 터진 썩은 생선은 파리 떼와 살이 도톰하게 오른 구더기들의 차지다
간혹 운이라도 좋으면 검정 비닐 속 토막 난 인간 아이가 있다
골이 빠져나온 농축된 골수 그 맛을 한번 안 고양이라면
언제나 검은 비닐부터 뒤진다

어둠 하나가 뒷담을 넘었다 창마다 악몽을 꾸었는지 가위눌림을 당한다
그런 창들은 눈을 뜨고 훠이 훠이 손사래 부적을 흔들면
악몽의 밤이 달아나곤 했다 쫓겨 간 밤은
콘크리트 바닥에 납작 엎드려 쓱쓱 쓸쓸한 송곳니를 갈아댄다

〈

냉랭한 달빛, 냉장고에 재어둔 소주를 들이켜면
차가운 뱀이 들어와 목구멍에서 꿈틀대다 꽈리 튼 내장으로 미끄러져 내린다
검은 비닐 속을 뒤적인다 그에게 죽은 여자의 혼이 있다
두 발로 걷기도 하고 세 발로 재주를 부리며 아이를 부르는 고양이
저층 아파트에선 머리부터 곤두박질쳐 내려와 단꿈 흘리며 자는 창쯤이야
단숨에 오르기도 한다
그러다 무덤을 파헤치듯 익숙한 몸짓으로 슬금슬금 기왓장을 걷어 낸다

달빛이 아이를 비춘다

■ 해 설

불시착한 삶의 한 연구

고광식(시인,문학평론가)

1. 불시착한 푸른 행성의 시간

이미 모든 주체는 푸른 행성에 불시착했다. 불시착했기 때문에 우리는 기투하지 못한 피투된 삶을 사는 존재이다. 누군가 우리를 푸른 행성으로 떠밀었다. 이제 삶이 무의미해지지 않기 위해 날갯짓을 해야 한다. 피투된 삶을 기투로 바꾸는 날갯짓에는 비장미가 어려있다. 그러므로 '나'는 이곳에 불시착한 것이 아니라 스스로 도착한 것이다.

심명수 시인은 『쇠유리새 구름을 요리하다』에서 푸른 행성에 불시착한 존재의 삶을 연구하는 중이다. 피투 됐기 때문에 시적 주체는 낭패한 표정으로 현실을 바라보기도 하고, 운명의 폭압을 성찰하는 자세로 삶의 길을 열기도 한다. 따라서 시적 발화는 모든 불안한 감정을 끌어안고 "산, 이만한 봉우리쯤 넘겠다 싶었는데/촛대봉 지나 천왕봉 중턱에 걸음 멈추고/그만 숨이 턱까지 찼다"(「대원사 가는 길」)처럼 자신을 극복하기 위해 형이상학적 존재를 향한다. 자신이 원하지 않았지만 도착하고야 만 이곳을 깊이 내면화한다. 지금 여기는 불시착한 주체가 끊임없이 태어나고 죽어가는 곳이다. 푸른 행성엔 바람 불면 꽃이 무리 지어 피고, 비가 내리면 꽃이 하염없이 진다. 따라서 주체는 "우주는 크고 작은 볼트와 너트로 체결된 거대한 구조물"(「나비 볼트」)이라는 인식으로 본향인 하늘을 바라본다. 처음 시작한 시의 불꽃이 별자리를 만든다. 하늘과 주체의 간극에서 대체할 수 없는 슬픔이 솟구친다. 하늘은 희로애락의 감정을 별자리라는 형식으로 잘 보존하고 있다.

시인은 푸른 행성에 불시착한 두려움을 하늘에 걸어둔다. 별빛으로 어긋나며 진행되는 어두운 삶의 길을 밝힌다. 감정은 서정적으로 펼쳐지지만, 가시가 돋아 깃발처럼 펄럭인다.

> 공명처럼 미확인물체가 감지되면
> 자꾸 이상한 생각이 나
>
> 어린 날 어떤 의도와는 무관하게 지구로 불시착했다는 생각,
> 생각이 떠돌던 그때는
> 상상의 비행을 하다 가벼운 농담처럼 지구로 떨어졌다고 생각했지

물론, 은하의 집은 지구의 크레바스
밤하늘은 자책과 원망의 무덤이었어

간혹, 천공은 무료한 자아의 탈출구이기도 했지
 은하의 세계는 생각보다
생각이 미치질 못해서 화가 났지만
일생을 걸지 않으면 일생이란 없다는 걸 그땐 몰랐어

— 「은하의 집, 불시착한 별들의 보호소」 부분

시적 화자는 내가 온 것 같은 우주를 바라보다가 "자꾸 이상한 생각"을 한다. 이를테면 미확인물체, 즉 외계인이 타고 여행하는 비행접시 같은 거를 상상한다. 나만의 유토피아를 찾아 우주여행을 하다가 잠시 판단 잘못으로 이곳에 불시착했다는 생각이 든다. 그것은 일종의 피투된 삶이다. 이제 이 현실을 인정해야 하는데 때로 멜랑꼴리한 감정이 상황을 악화시킨다. 결국 피투된 주체는 상상 속 연구실에 갇혀 지낸다. 분명 끝없이 열려 있는 우주 어느 곳엔가 내 본향이 있을 것이다. 그것에 생각이 미치자 "간혹, 천공은 무료한 자아의 탈출구"가 되어 점점 퍼즐을 맞추어 간다. 그렇다면 내가 왔던 고향으로 가기 위해 UFO 하나 구하면 될 일이다. 얼음판을 미끄러지듯이 그곳으로 순간 이동하면 된다.

하지만, 나는 현실과 대면해야 한다. 내 의지와 반하는 상황에 적응하기 위해 "밤하늘은 자책과 원망의 무덤이었어"라고 되뇌며 현실을 점검할 수밖에 없다. 피투된 불시착한 삶을 이곳에 구축하는 일은 "일생을 걸지 않으면 일생이란 없다는 걸 그땐 몰랐어"처럼 쉽지 않다는 것을 깨닫는다. 천공을 생각한다는 것은 고향을 그리워하는 일이다.

저 무한 천공을 향해 언젠가는 힘차게 날갯짓할 것이다. 불시착한 나는 또 누군가 이곳에 불시착할 것을 안다. 그들 모두 본향을 그리워하며 밤마다 별자리를 찾아 헤맬 것이다. 나와 너는 피투된 삶을 내적 충만함으로 기투해야 한다. 4월에 피는 꽃들은 겨울을 생각하지 않는다. 이미 기투를 내면화했기 때문이다. 불시착한 푸른 행성에서 나비의 날갯짓을 충동질하는 꽃은 아름답다.

2. 예습하지 않은 상실의 존재학

우리는 누구도 삶을 예습하지 않고 세상에 태어난다. 심명수의 시에는 예습하지 않고 태어난 존재의 현상이 시편마다 파토스의 붉은 꽃을 피운다. 특히 중요한 것을 상실한 채 분노하고 있는 주체의 고백이 파편화되어 조화를 이룬다. 지금 이곳은 배부른 돼지만을 위한 세상이다. 홉스가 주장한 '만인의 만인에 대한 투쟁'은 상식으로 인식돼 있다. 멈춰야 한다. 괄호 안에 묶어두고 성찰하는 시간이 필요하다. 모두가 적인 자연 상태는 우리를 불행하게 만든다. 오래전 인디언들의 축제였던 포트래치는 자본주의에 질문을 던진다. 재산이 많은 부족장이 부족원들에게 재산을 아낌없이 나누어 주었던 풍습은 더불어 사는 평등을 지향한다. 부족장은 재산을 버리고 명예를 얻은 것을 큰 행복으로 알았다. 이제 우리는 자본주의가 지향하는 물질적 욕망을 정신적 행복으로 바꾸어야 한다. 그래야 예습하지 않은 삶이 살맛 난다. 상실 때문에 멜랑꼴리한 주체가 이 땅에 발을 딛고 있다.

푸른 행성은 주체가 불시착한 곳이다. 이곳은 주체가 원한 장소가 아니다. 우리는 모두가 수평적 질서 안에서 더불어 행복한 곳을 꿈꿨다. 하지만 이곳은 자연적 불평등과 사회적 불평등이 온갖 차별을 만들어 낸다.

수제비를 젓는다
오래된 맛을 떠올리는 것처럼 밋밋한 일은 없겠지만
사내아이는 등이 간지러웠고
불행은 어릴 때부터 시작이었다

누군가에게 덜미가 잡힌 듯한 추레한 사내아이
곱사등이라고 꼽추라고 이름 붙여진 아이

동네 아이들에게 충분한 놀림거리였고
취뿔도 없이 풍산 종친들은 어머니에게 죄라는 낙인을
찍었다
그렇게 몰락은 명분을 얻었다

수제비를 먹는다
멸시와 따가운 시선을 감내한 어머니가 있었다
수제비의 논리로 따지면 모든 수제비는 수제비
수제비가 무릎 꿇는 일을 본 적이 있는가?
꼬부리고 돌아앉은 이상한 슬픔은 그때부터 감지되었다
입속에서 뜨거운 수제비를 굴린다

협곡에서 냇물이 몸서리치며 휘어진다

수제비를 뜨던
산기슭 짚 검불을 무덤처럼 덮고 자던
그렇게 춥지만은 않던, 어릴 적
어머니가 떠주던 감자 수제비

— 「수제비를 뜨며」 부분

거미가 몇 초 동안 살아 꿈틀꿈틀한다
주검의 날개가 겨드랑이로부터 돋아난다
미동도 없이 거미는 자꾸 허기를 느끼곤 한다
아까 먹다 만 치킨 날개를 후회한다

주검, 왠지 살아 있을 때보다 정신이 멀쩡하다는 느낌
하지만 마취가 풀리듯 점점이
암막처럼 펼쳐지는 빛
그물에 걸려 빠져나오지 못하던 날벌레들의 절박했던 순간,
등골이 환해진다

〈중략〉

전생에서도 이승에서도 나의 빌어먹을 습성은 변함이 없다
빈손에
가방도 없어
고만고만한 인연
주렁주렁 관념들로 꼬여
또다시 복잡 미묘한 관계망 속에서 살아가야 할,

우주가 소용돌이쳐 거미집에 꽃잎, 나뭇잎

날벌레들이 찾아와
위로랍시고 목숨을 선물로 바치겠지
그런 나는 타고난 식성대로 게걸스럽게 받아먹겠지

나는 잠시 죽어서 내가 사는 나를 본다

— 「죽음 밖 어디쯤 있을 나」 부분

한하운에게 '나병'이라는 천형이 건강한 삶을 상실하게 했듯 「수제비를 뜨며」의 화자에게도 푸르른 은총을 거두어 간 장애가 있다. 화자의 자의식은 밤하늘을 보며 장애가 있는 자신의 등허리가 간지럽다고 느낀다. 시적 화자는 "곱사등이라고 꼽추라고 이름 붙여진 아이"로 마음의 병을 앓는다. 하지만, 고문받는 고통을 모르는지 동네 아이들은 놀리는 것을 유희로 즐긴다. 아이는 현실에서 도망치지 못하고 스스로 천형의 시간을 견딘다. 몸을 묶은 장애를 십자가처럼 지고 가는 삶은 끊임없이 가파른 언덕을 오르는 형벌이다. 속울음으로 자신을 위로하는 아이의 고통은 어머니의 울음이기도 했다. 둘은 한몸으로 붙어있는 운명이다. 가야 할 곳이 없다. 단단하게 닫힌 문은 안쪽을 보여주지 않아 답답하다. 이곳에서 "쥐뿔도 없이 풍산 종친들은 어머니에게 죄라는 낙인을" 찍었다. 그리고 "멸시와 따가운 시선"이 가득한 곳이기도 하다. 겨우 숨 쉬고 있는 시적 화자는 "협곡에서 냇물이 몸서리" 치듯 휘어진 삶을 산다. 잠시 에포케로 현실을 묶어두고 싶다. '나'를 고통 속에 몰아넣었던 저들에게 판단 중지를 외치고 싶은데 계절 따라 꽃은 피고 진다. 밤이면 그 꽃은 달빛 아래 환하게 웃는다. 나는 어릴 적 수제비를 기억 속에서 뜨겁게 굴린다.

상실로 가득 찬 시적 화자는 「죽음 밖 어디쯤 있을 나」에서 자신의 주검을 떠올린다. 지금 여기의 삶은 통증과 차별로 고통받는 시간의 연속이다. 아무리 몸부림치고 자신을 기투해 보아도 피투된 자신을 어쩌지 못하는 곳이다. 그러므로 시적 화자는 "주검, 왠지 살아 있을 때보다 정신이 멀쩡하다는 느낌"이 드는 것을 당연시한다. 죽어가는 거미로 자신을 비유한 시적 표현에서 죽음을 앞당겨 보고 싶은 욕망을 읽을 수 있다. 화자는 받아들이고 싶지 않은 운명을 "그물에 걸려 빠져나오지 못하던 날벌레들의 절박했던 순간"으로 표현한다. 이는 어쩔 수 없는 천형으로 인식하고 있다는 의미이다. 따라서 상실의 존재는 "전생에서도 이승에서도 나의 빌어먹을 습성은 변함이 없다"는 결론에 이른다. 한순간 삶을 에포케로 묶어놓고 내린 결론은 삶의 의지이다. 삶의 목표를 정하는 순간 극기의 에너지가 솟구친다. 죽음 밖을 상상해 보아도 삶이 나아지지 않는다면 열심히 살아야겠다. 자신을 뛰어넘는 니체의 '초인'이 「죽음 밖 어디쯤 있을 나」의 시적 화자이다.

일단은 지나가는 뜬구름 낚아채 통째로 집어넣어야만 해요. 낚아챌 때는 빠른 감각, 두꺼비 혀의 본능이 중요해요. 토끼 기린 강아지 오빠 엄마 물고기 할머니 얼굴로 수시로 변하거든요. 강아지가 싫으면 절대로 피해야 하니까요. 오빠와 엄마를 요리하고 싶으면 적절할 때 낚아서 납득시킬만한 거리가 필요해요. 잘못하면 당신이 설득당할 테니까요. 할머니에겐 안개구름 한 소반 선물해 봐요. 그럼 그 속에 감춰진 추억을 하나하나 따내며 끄덕끄덕 하시겠죠. 그리고는 겹겹이 포개진 뭉게구름 동강동강 썰어야 해요. 구름의 남쪽, 비늘구름 잡아당겨 살점만 떠 넣고요. 다시 제 위치에 걸어놓아야 해요. 요리는 늘어놓고 하면 곤란해요. 제 살점을 잃은 구름은 몇 초 지나지 않아 다른 형상으로 변해 떠나가 버려요.

하악, 그새 악어가 입 딱 벌리고 급 하강하는 줄 알았어요! 간이 철렁했죠. 긴 꼬리를 끌며 지나간 뒤에 간을 보니 싱거워요. 소금을 좀 더 넣어야겠네요.

요리를 하다 보면 알게 되죠. 구름을 절대 새총으로 쏘아 잡으면 안 돼요. 조리법에 어긋나는 일이죠. 빗맞기라도 하면 냄비에 구멍이 나요. 조루처럼 빵빵 뚫린 구멍으로 빗줄기가 쏟아질 테니까요. 조리법에 의하면 그 총탄 자국은 밤에만 보인다지요. 그것은 인간들이 쏘아댄 빗나간 꿈이에요, 별들의 실체라고도 해요.

—「쇠유리새 구름을 요리하다」 부분

평등해야 할 권리를 상실한 채 이곳 행성에 불시착한 주체는 고통을 딛고 일어서는 방법을 강구한다. 초인의 힘이다. 핍박과 놀림을 당하였던 화자가 타락하지 않으려는 생각에 몰두한다. 실망스러운 현실에 강하게 맞서야 한다. 먼저 타자로부터 각인된 더없이 잔인한 상처를 지운다. 그러자 머릿속은 해맑아지고 푸른 하늘엔 흰 구름이 흘러간다. 다음으로 세상을 요리하기 위해 "일단은 지나가는 뜬구름 낚아채 통째로" 집어넣는다. 타자로부터 압제당하는 나를 해방하기 위한 필연적인 방법이다. 증오스러운 현실은 오직 상상세계에서만 극복할 수 있다. 나와 함께 상처를 받았던 "오빠와 엄마를 요리하고 싶으면 적절할 때" 해야 한다. 요리를 잘하면 아주 오랫동안 이 땅에서 웃을 수 있다. 그래야 함께 상처를 받았던 "할머니에겐 안개구름 한 소반 선물"할 수 있다. 비로소 자아가 편안해진다. 이제 요리의 실패를 두려워할 필요는 없다. 가시권에 잡히는 "겹겹이 포개진 뭉게구름 동강동강 썰어야" 한다. 자신에게 솔직해지기 위한 행위이다.

힘에의 의지를 발휘하기 위해 "요리는 늘어놓고 하면 곤란" 하다. 왜냐하면 상처가 곧 드러나 요리를 망칠 것이기 때문이다.

예습하지 않은 상실을 딛고 일어서려면 내 삶을 요리해야 한다. 타자가 빼앗아간 평등해야 할 고유 권리를 찾는 행위는 고귀하다. 뭉게구름 흘러가는 하늘로 활을 쏜다. 화살은 세상의 모든 차별을 쓰러뜨린다. 타자가 세운 세상은 소멸하는 별처럼 붕괴한다. 그리고 재편된다. 주체가 구름이 형상을 바꾸듯 존재감을 드러내기 시작한다.

3. 증식하는 통증의 윤리학

여기 증식하는 통증을 안고 살아가는 불시착한 존재가 있다. 그는 자신의 통증에 대해 절대자에게 질문하고 싶다. 세상은 한없이 아름답고 매력적이지만, 타자들의 시선은 자못 위험해 우울해지니 해결해 달라고 한다. 한번 우울의 늪으로 빠지자 세상은 기이하게 돌아간다. 그리고 통증은 한없이 증식한다. 지금 이곳의 사람들이 불시착한 존재를 차별하는 것이 당연할까. 칸트는 일찍이 "너의 의지의 준칙이 항상 동시에 보편적인 법칙 수립의 원리로써 타당할 수 있도록 행위하라."라고 말하였다. 즉 정언명령을 따르란 것이다. 쉽게 말하면 네 행동을 세상 모든 사람에게 권해도 된다면 행하고, 그렇지 못하면 하지 말라는 당부이다. 따라서 칸트의 선의지는 증식하는 통증을 억제하는 기제로 작용한다. 우리가 무제한적으로 선할 때 증식하는 통증의 윤리학은 완성된다. 푸른 행성에 불시착한 누군가가 속박 속에 산다면 윤리는 실종된 거다. 그가 차별 속에서 내뱉는 한탄은 우리 모두의 것이 된다.

시적 화자는 푸른 행성에 불시착한 자신을 끊임없이 성찰한다. 불시착한 자신을 은유를 빌려와 더없이 자세히 그려냄으로써 삶을 치열하게 연구한다. 증식하는 통증을 완화하기 위한 명확한 시그니처이다.

옹이, 혹은 의혹은
가려울 때마다 너를 생각하게 한다

나는 그곳에 너를 묻었다

제 무덤을 등에 지고 가는 낙타처럼
반짝이는 여정
고행의 끝이란 한 생을 지고 갈 밥그릇

초암사 약수터

낙타가 샘가에 앉았다

멜랑꼴리한 등허리

환생의 껍데기에

치렁치렁 낙숫물 넘치는 소리

생글생글 이 빠진 소리

등이 시려

손가락으로 우주의 행렬을 짚어 가다 보면

너는 어느 별에서

한 번이라도 나와 마주칠 수 있을까

가려울 때마다 긁적이는

나의 아름다운 병

—「낙타 별자리」 전문

이곳은 신포 나루, 곧 순풍의 비가 불리라

그대 찾아오리라

오시는 길 멀다지만

자작나무 역에서 도보로 갈아타면 10분 안팎

굵은 가지를 타고 한껏 올라오다 보면

잔가지 하나 툭 꺾인 유례없는 곳
상상의 나래를 펼쳐놓은 A.poRT

꺾였다는 것은 그 상처를 어루만지는 것
달빛 가난한 신포시장 한켠에서
막걸리 한 사발 꺾어볼까나
고주망태 되어볼까나

그대 오시는 길
애증의 열차에서 내려 빈 가슴으로 오시라
아니, 그대 취향대로 오시라
낮달의 무리 불 꺼지면 젊음의 발기가 발효되는 곳
가끔 이탈을 논하는 이들이 즐비한 곳

'무엇을 어떻게 요리할까'가 불가피한 곳
답동성당 성모의 눈빛이 파리하다
보도블록이 레일을 이탈하면 그것은 이탈이 아니고
내일이고 이상이고 꿈이다
시가 꿈의 일부가 될 수 없다던 그대
아, 그대여

— 「약도」 부분

시적 화자의 "옹이, 혹은 의혹은/가려울 때마다 너를 생각하게 한다"는 진술은 처연하다. 끝내 '옹이'가 가리키는 은유가 이곳의 절망을 대수롭지 않은 척 넘어간다. 통증을 껴안고 가는 자의 시간이 비장미로 읽힌다. 은유는 통증의 민낯을 은폐하고 새로운 사유의 세계를 연다. 이토록 놀라운 사유는 "나는 그곳에 너를 묻었다"는 진술에서 자유의지를 발휘한다. 고유 권리를 상실한 현실을 받아들이는 화자의 태도는 자기만의 세계를 초인의 자세로 만들어간다. 통증을 껴안고 끝없는 나락으로 떨어지는 시간이 멈춘 것이다. 자신을 애도하고 다독이는 모습에서 현실을 초월하고자 하는 수행자의 모습이 어른거린다. 이 처연한 서정시는 독자를 비장미의 애틋함 속으로 끌어들인다. 우리가 화자의 "고행의 끝이란 한 생을 지고 갈 밥그릇"에 감응하는 시간은 그다지 오래 걸리지 않는다. 불시착한 존재의 여정 자체가 고행이기 때문이다. 드디어 화자의 진술은 "치렁치렁 낙숫물 넘치는 소리"로 나부끼기 시작한다. 하늘에 축조된 별을 짚어가다 보면 "나의 아름다운 병"도 반짝이는 별자리를 만든다. 결국, 시인은 하늘이라는 본향을 숭배하는 수행자가 된다.

가려울 때마다 제2의 자아를 그리워하던 화자가 현실을 풀어놓는다. 불시착한 화자의 본향인 하늘에 별자리가 있듯이 이곳에도 지도가 있다. 나는 당신에게 "굵은 가지를 타고 한껏 올라오다 보면/잔가지 하나 툭 꺾인 유례없는 곳"

을 가르쳐준다. 우리의 지고지순한 시간은 "달빛 가난한 신포시장 한켠에서" 원죄 의식으로 발현될 것이다. 이곳은 주지육림의 공간이 펼쳐져 불시착한 존재들을 위무하기 좋은 곳이다. 자본주의가 만들어놓은 불평등이 "그대 오시는 길"에는 없다는 것을 장담한다. 오직 푸른 행성에 불시착한 존재들이 "애증의 열차에서 내려 빈 가슴으로" 터덜터덜 걸어오는 곳이다. 누구도 당신을 계급으로 압박하거나 제국의 논리로 윽박지르지 않는다. 그러므로 이곳의 우리는 바람을 타고 다녔던 '열자'처럼 자유롭다. 온갖 제도와 문화에서 벗어나 "내일이고 이상이고 꿈"인 이탈이 거짓말처럼 일어나는 시간을 즐긴다. '나'라는 불시착한 존재는 시를 신뢰하지 않는 당신을 이곳으로 초대한다.

뚜껑은 열리고 밤은 아직 발효 중이다

밤의 항아리 속이 구리다고 속단하지 말자
지문을 찍어본 사람이면 알리라
판이하게 드러나는 음과 양
나는 그 음과 양의 어두운 항아리 속에 가라앉아 있다
한 여자가 침몰된 나를 한 바가지 떠간다

먹먹하다

날숨에서 피어나는 별들
별은 항아리 속 숨구멍
나는 무엇인가에 자꾸 익숙해지는 걸까

다시 한 여자 얼굴이 떴다
여자는 주기적으로 나를 찾아오곤 한다
지상에서 아직도 여자는 그 구간을 흐른다
여자여, 그만 뚜껑을 닫아주오

아, 나는 항아리 속에서 발효 중이다
피안을 위한 침잠
밤은 이제 뚜껑을 닫고
밤 물결 따라 침대가 노를 젓는다

—「그믐달」 전문

불시착한 주체는 항아리에 갇혀 고통의 실체를 고백한다. 푸른 행성에 관한 판타지가 사라진 그곳에선 삶의 허상을 자각하는 자아가 있다. 항아리가 놓인 공간엔 별이 방출하는 별빛이 가득 차 넘실댄다. 항아리 속은 주체가 파편화되어 "뚜껑은 열리고 밤은 아직 발효 중이다"처럼 스스로 삶을 성찰하기 좋은 공간이다. 주체가 현실에서 겪어야 했던 고통이 "음과 양의 어두운 항아리 속에 가라앉아" 존재를 끊임없이 붙잡는다. 한없이 허물어지는 화자는 "한 여자가 침몰된 나를 한 바가지 떠간다"라고 처절하게 몰락을 말한다. 음과 양의 조화가 나에겐 없음을 고백한다. 밤하늘의 별은 나에게 숨 쉴 기회를 준다. 푸른 행성의 차별이 가슴을 관통할 때 나는 별을 보고 숨을 고른다. 몰락하는 순간에도 "여자는 주기적으로 나를 찾아" 아픈 상처를 쑤셔댄다. 하루가 수십 년처럼 흘러간다. 숨죽여 흐르는 시간은 상실의 순간을 넘실대게 한다. 그러니 "여자여, 그만 뚜껑을 닫아" 달라. 총체적인 상처 때문에 나는 항아리 속에서 발효 중이다. 내가 더는 아프지 않기 위해 항아리 뚜껑은 항상 열려 있어야 한다. 하지만 성찰적 징후가 느껴지는 순간마다 밤은 항아리 뚜껑을 닫는다.

이제 나의 상처는 초인의 기제로 움직이기 시작한다. 상처와 의지를 바꾸고, 피투를 기투로 바꿀 것이다. 더는 세상이 나를 저어가게 하지 않을 것이다. 밤은 거대한 날개를 펴 노를 젓는 나를 감싼다. 이렇게 증식하는 통증은 나로부터 정당성을 확보해나간다. 칸트의 초인을 소환한 나는 오롯이 내가 되기 위해 역설을 만든다.

4. 고통을 딛고 가는 방법

푸른 행성에 불시착한 주체가 발을 딛고 있는 곳은 기울어진 운동장이다. 운동장엔 편견과 차별이 일상화되어 반짝인다. 통증을 안고 있는 존재가 살아가기엔 공정하지 않은 곳이다. 기울어진 운동장 아래편에서 붉은 장미꽃을 힘껏 차올려도 향기는 희망의 정수리에 가닿지 못한다. 꽃향기 없는 세상을 사는 소수자에게 이미 상황은 기울어져 있다.

심명수 시인의 시적 주체는 하늘을 본다. 유토피아적 본향인 하늘엔 고요하고 밝은 빛으로 가득 차 있다. 우주는 기울어지지 않았기 때문에 무기력한 주체에겐 희망이다. 밤하늘의 별은 주체가 지른 소리로 밝게 빛난다. 빛나는 별을 바라보던 불시착한 주체가 근대 이전의 자아를 지우기 시작한다. 그러자 근대의 주체가 자신의 존재를 규명하기 위해 '자아'라는 화두를 붙잡는다. 시인은 삶을 성찰한 이후부터 자신을 옭아 맺던 상실의 존재와 통증의 윤리를 해체한다. 왜냐하면 상실이 가지고 있는 탄식이 멜랑꼴리를 낳기 때문이다. 멜랑꼴리는 깨진 병 조각처럼 나를 위협한다. 그리고 통증의 윤리는 지나치게 의무를 강요한다. 구조적 질서 속에서 강요당하는 의무는 삶을 소멸시키기에 알맞은 열기를 지녔다. 그러므로 불시착한 주체가 초인으로 살기 위해선 신을 지우고 상실을 지우고 그리고 마지막으로 윤리를 지운다. '나'를 묶었던 쇠사슬을 끊자 참을 수 없이 순수한 주체가 떠오른다.

오른쪽 나무가 왼쪽으로 세간을 옮겨간 이유는
그건 오른쪽으로 숨통이 트였다는 것이고
내일이면 나뭇가지가 늘어지고 다음 주중 그늘을 걷어갔기 때문이야
가령 나무가 긍정의 고갯짓을 젖는다는 것은 모든 나무가
숨통을 갖고 있지 않을 거라는 착각 때문만은 아니야

그러니까 시끌시끌하던 꽃잎마저 한바탕 떠들지 못하는 거야
최대한 팔을 뻗고 혀를 말았다 풀어놔봐
왼쪽 나무가 왼쪽으로 더 목이 마르다는 걸 알 수 있겠지

온전한 시간은 웜홀의 터널을 빠져나와야만 알 수 있어
언젠가는 돌아올 거라는 것은 꼭 믿지는 마
밑둥치 아래 볼록한 어둠의 나날, 어둠의 사이를 좀 긁어주겠어?

누군가 목덜미를 잡고 뿌리째 뽑아버릴 것만 같은 이 불길함

영원할 것만 같던 이 순간은,
온전한 비대칭의 간극에서 벗어나면
비로소 숨통이 트일 거니?
뿌리째 뽑힌 새는 날아가고 그렇게 새는 꽃 피울 거니?

—「온전한 비대칭」 부분

불시착한 주체는 의무감이 없는 윤리 밖에서 비대칭을 생각한다. 그러자 삶의 부피가 줄어들며 "오른쪽으로 숨통이 트였다는 것"을 느끼고 생의 의지가 살아난다. 상실을 지운 자리에서 꽃들이 비대칭으로 만개한다. 세상엔 꼭 닮은 대칭만 존재하는 것이 아니다. 세상의 중심축에서 벗어나 자유로운 삶을 사는 존재도 있다. 불규칙한 형태의 주체는 "최대한 팔을 뻗고 혀를 말았다 풀어" 놓는 행동을 즐긴다. 끊임없이 반복되는 대칭의 세계가 숨통을 막기 때문이다. 시적 화자는 비대칭의 관점에서 "영원할 것만 같던 이 순간은" 없다고 단순한 대칭의 세계를 비튼다. 심명수 시인의 주체는 대칭적인 것을 추구하는 이 세계의 문화에 적응할 수 없는 존재다. 반복이 반복을 잉태하고 반복을 균형적으로 배치하는 문화는 사라져야 한다. 이토록 숨 막히는 균형의 세계에서 주체는 "온전한 비대칭의 간극에서 벗어나면/비로소 숨통이 트일 거니?"라고 반문하며 철저하게 비대칭을 추구하는 이방인이 된다. 우리가 서로 다른 이방인이 되었을 때 세상은 오히려 아름다워진다. 이방인은 고통을 딛고 가는 방법을 체득한 자이다. 모든 사람이 서로 대칭인 사회는 획일화로 겹쳐지는 불행한 세계다.

불시착한 주체는 목적지가 아닌 이 세계와 불화한다. 나와 너의 행복은 겹쳐지지 않는다. 그대와 나의 사랑도 겹쳐지지 않는 비대칭이다. 따라서 불시착한 주체는 피투된 삶을 기투한 삶으로 만들기 위해 파편화된 감정을 모은다. 시의 문장마다 손가락으로 현을 퉁기듯 초인의 소리를 낸다. 그러므로 심명수 시인의 첫 시집 『쇠유리새 구름을 요리하다』는 불시착한 삶을 탐구한 애틋한 연구서이다.